Carl-Auer

Weißt du,
dass die Seele eine Rose ist,
deren Duft uns mit tiefen Atemzügen
die Augen schließen und uns träumen lässt?

Für meine geliebte Mama,
die ich sehr vermisse

Carmen Beilfuß

Carmen Beilfuß

Ein Himmel voller Fragen

Systemische Interviews, die glücklich machen

Mit Illustrationen von Elena Egli

2015

Umschlaggestaltung: Uwe Göbel
Umschlagmotiv: Elena Egli
Satz: Verlagsservice Hegele, Heiligkreuzsteinach
Printed in Germany
Druck und Bindung: CPI books GmbH, Leck

MIX
Papier aus verantwortungsvollen Quellen
FSC www.fsc.org FSC® C083411

CPI Mehr Bäume. Weniger CO_2.
www.cpibooks.de/klimaneutral

Erste Auflage, 2015
ISBN 978-3-8497-0083-6

Bibliografische Information der Deutschen Nationalbibliothek:
Die Deutsche Nationalbibliothek verzeichnet diese Publikation in der Deutschen Nationalbibliografie; detaillierte bibliografische Daten sind im Internet über http://dnb.d-nb.de abrufbar.

Informationen zu unserem gesamten Programm, unseren Autoren und zum Verlag finden Sie unter: www.carl-auer.de.

Wenn Sie Interesse an unseren monatlichen Nachrichten aus der Vangerowstraße haben, können Sie unter http://www.carl-auer.de/newsletter den Newsletter abonnieren.

Carl-Auer Verlag GmbH
Vangerowstraße 14
69115 Heidelberg
Tel. +49 6221 6438-0
Fax +49 6221 6438-22
info@carl-auer.de

Inhalt

Vorwort 8
Einführung 11

1 Das Leben und seine Orte als Reise 13

2 Die Kindheit 20
Rückschau aus heutiger Sicht 24
Schöne *Erlebnisse* aus meiner Kindheit 26

3 Die Jugendzeit 31

4 Beziehungswelten 36
Meine starken Seiten in Beziehungen 42

5 Familie 43

6 Freundschaften 49

7 Liebe 52
Beginn der Liebe 54
Liebe und Partnerschaft 55
Liebe auf Dauer 57
Liebeskummer 58
Verlassen werden 59
Selbst die Beziehung beenden 60
Nach der Trennung 61

8 **Partnerschaften** **62**
Beginn der Liebe 63
Entscheidung füreinander 64
Gemeinsame Lebensaufgaben 65
Gegenseitige Unterstützung und Teamwork 67
Gemeinsamkeit und Nähe 67
Freiräume für persönliche Entwicklung 68
Liebe im Alltag 69
Gemeinsame Krisenbewältigung 70

9 **Erotik und Sexualität** **76**

10 **Lebensrezepte, Erfolge und Bilanzen** **82**
Was ist Erfolg? 87
Bilanzen 89

11 **Enttäuschungen – Verlassensein – Seelenschmerz** ... **93**

12 **Krankheit** **101**

13 **Gesundheit** **107**
By the way – Wie steht's mit Ihrer Gesundheit? 112

14 **Große Veränderungen – Wendepunkte – Schicksalsschläge** **115**
Entwicklung der eigenen »Phönixkompetenz« 122

15 **Abschied und Neubeginn** **127**
Team – Firma – Arbeitsplatz 132

16 **Arbeit** **135**

17 Fragen für erfolgreiche Frauen und Männer 146
Erfolgsgeschichten 148
Wurzeln des Erfolgs 148
Lernen, Misserfolge zu überwinden 149
Erfolgsaussichten 149
30 wunderbare Fragen für erfolgreiche Männer und erfolgreiche Frauen 150

18 Talent, Kreativität und Schöpferkraft 154
Die Vorstellungswelt 156
Die Beziehungswelt 156
Eigene Schritte 157
Gegenwart 157
Zukunft 158

19 Lernen und Entwicklung 161

20 Glaube und Spiritualität 167

Schluss 173

Vorwort

Dieses Buch steht ganz im Zeichen der Erweiterung und Vertiefung meiner systemischen Arbeit. Das Leben erzählte mir neue Geschichten von Liebe und Leid und die Intensität des Geschehens forderte innere Stärke, Ausdauer und Besonnenheit.

Die zurückliegenden drei Jahre waren durchzogen von Krankheit und Tod, Unfällen und Trennungen, dem Ende meiner Ehe und der ein oder anderen schmerzhaften Enttäuschung. Im persönlichen Leben waren es unaufhaltsame Entwicklungen wie die schweren Erkrankungen meiner Eltern. Meine Mutter erkrankte an Bauchspeicheldrüsenkrebs, kämpfte heldenhaft und starb in den Januartagen dieses Jahres. Mein Vater leidet an einer Demenz, ein Teil von ihm lebt bereits in einer anderen Welt – und auch dies ist eine große Aufgabe für ein Kind, das seinen Vater achtet, liebt und das Beste für ihn will.

Im beruflichen Bereich passierte so etwas wie ein Aufbruch, ein Neuanfang. Nach all den Jahren voller Professionalität und eigener Reifung konnte ich dem eigenen Wissenszuwachs einfach nicht mehr ausweichen. Ich konnte meine psychotherapeutische Arbeit nicht in der gewohnten Weise fortführen, mein neues Wissen verlangte nach Erweiterung, Erneuerung, Vielfalt und Kooperation. Die einzeltherapeutische Behandlung – so professionell sie auch ausgeführt werden mag – kann nur *ein* Baustein sein für die Gesundung einer erkrankten Seele und für ihr persönliches Wachstum. Ich weiß, dass es um Zugehörigkeit, Solidarität und Austausch einerseits geht und andererseits um neue Impulse, Bewegung und kreatives Schaffen. Aus diesem Wissen entstand ein Intensivprogramm für die ambulante Behandlung psychischer Erkrankungen, in dem es das alles gibt: tiefe und nachhaltige Begegnungen, lebendiges Miteinander, Gespräche, Lernen, Bewegung drinnen und draußen, Achtsamkeit und Entspannung, Natur und Natürlichkeit, ein ganzes Rudel Therapiehunde und ein echtes Künstleratelier mit tausend Farben. Eine großartige Arbeit eines zwölfköpfigen Teams begann mit einer Resonanz bei den Patienten, die man mit dem Wort »herzergreifend« am besten beschreiben kann. Ich bin angekommen bei der Art und Weise, wie ich mir Psychotherapie während meines Studiums erträumt hatte: ganz nah bei den Menschen, Hand in Hand mit der ganzen Familie, voller Möglichkeiten, dicht und wirkungsvoll.

Der große Handschlag, wenn der Erfolg sich einstellt, erzählt aber nichts über das Übermaß an persönlichem Einsatz, von Zeit und Geld, die eine neue Idee fordert, nichts von Risiken und Rückschlägen, nichts von Bremsern und Neidern und nichts von jenen, die einen im Stich lassen, wenn gemeinsames Handeln und Durchhaltevermögen das Gebot der Stunde sind.

Das Buch *Einladung ins Wunderland*[1] war ein Signal für meine Ankunft in einer Lebensphase voller Potenzial und Entfaltungskraft. Der nächste notwendige Schritt war, diese Fülle, diese Vielfalt, diese Qualität in eine Praxis umzusetzen, die den Menschen dient. Dies allerdings war Arbeit pur.

Ich habe mir auf diesem Weg einen Begleiter (oder eine Begleiterin) gewünscht – einen, der »systemisch« nicht versteht als Methode, Fragen stellen zu können – sondern einen mit un-

---

1 Carmen Kindl-Beilfuß (2012): Einladung ins Wunderland. Systemische Feedback- und Interventionstechniken. Heidelberg (Carl-Auer).

bändiger Neugier für alles, was sich bewegt, entwickelt und alles, was sich nicht bewegen lässt und sich in den Weg stellt. Einen, der nicht aufhören würde, klug und in feinsinnigen Worten nachzufragen und genau damit meine Gedanken, Vorstellungen, mein inneres Wissen, meine Erfahrungen ans Licht holen und zusammenfügen würde zu Antworten. Antworten, die aus mir selbst kommen – und die ich doch nie allein gefunden hätte.

Ein so wissender, respektvoller und aktiver Berater vermag es aus einer Haltung von Gelassenheit und fester Zuversicht heraus, Gedanken und Gefühle in einem zu wecken, die man selbst wie ein »Entdecken und Erwachen« empfindet. Man tritt ein in winterlichen Hüllen, legt sie angesichts der wärmenden menschlichen Begegnung und der Helligkeit des Denkens während des Gesprächs ab und verlässt den Raum mit »Saft« in den Adern und Knospen voller Ideen. Erinnern Sie sich an den Tag, an dem Sie den Wintermantel ausgezogen haben, weil die Sonne schien? Schon in diesem Moment liegt die Gewissheit, dass es wieder einen Sommer geben wird. Gut geführte Gespräche sind der Beginn einer neuen Romanze mit dem Leben, sie machen glücklich!

Dieses Buch ist Ihre Himmelsleiter. Sie führt Sie in neue Perspektiven, in die Weite des Himmels, hinein ins klare Blau. Sie schenkt Ihnen Übersicht, den Blick von oben und die klare, frische Luft.

Genießen Sie die Aussicht – und erschaffen Sie sich Ihren eigenen Himmel voller Fragen!

Ein leises Staunen beim Blick hinter den Horizont wünscht Ihnen

Ihre Carmen Beilfuß

Einführung

Die schlechte Nachricht: Fertige Interviews gibt es nicht! Die gute Nachricht: Gute Entwürfe von Interviews schon!

Die hier versammelten 20 Interviews bieten verschiedenste Frageabfolgen, die dem Gespräch eine Struktur geben, eine Komposition vorschlagen und eine große Bandbreite von Fragemöglichkeiten aufzeigen.

Es ist ein richtig gutes Gefühl, wenn man im Inneren über einen Schatz voller Fragen verfügt. Ein Raum öffnet sich, in dem genügend Platz für Neugier und Begegnung ist. Viele Menschen, die zu uns kommen, sitzen in ihrem eigenen inneren Gefängnis. Jeder Versuch, etwas Neues zu denken, prallt an den dichten Mauern in der dunklen Enge ab. Das innere Unglück scheint Stacheln und Krallen zu besitzen, mit denen es sich festhält. Es ist eine Qual.

Plötzlich hörst du eine Stimme, Worte erreichen dein Inneres und vorsichtige Fragen erinnern dich daran, wer du bist, an die eigene Stärke und an die Chancen, die vor dir liegen. Interesse, echtes Interesse, das Worte findet, schenkt diesen Kerkern Türen – Türen in die Freiheit des Handelns.

Wie oft habe ich erlebt, dass Beratern nach zwei, drei Fragen die Luft ausging – Start und Notlandung in einem. Wie oft habe ich gehört, dass Fragen nebeneinanderstehen wie einzelne Pfeiler ohne Gartenzaun – ohne Übergang und ohne Verbindung. Wo sind die Bänder, die die Fragen verknüpfen? Wo ist der Weg, der vom gegenwärtigen Leben mitten hinein in die Vergangenheit führt, um von dort aus Signale in die Zukunft zu senden? Wo ist der Heißluftballon, der mir die neuen Perspektiven auf mein bisheriges Leben schenkt und mir bereits weite Blicke auf die Landschaften meines zukünftigen Lebens gewährt?

Ich selbst bin von der helfenden und heilenden Wirkung eines guten, ebenso trostreichen wie Perspektiven eröffnenden Gesprächs so überzeugt, dass ich Ihnen eine Sammlung praxiserprobter Interviews anbieten möchte, um daraus Impulse für Ihre eigene Praxis zu schöpfen, zu üben und eigene Fragetechniken zu entwickeln. Zentrale Lebensthemen werden im Lichte vielfältiger Gedanken und Überlegungen moderiert, die Fülle des Lebens zeigt sich ebenso wie die Tatsache, dass jeder Mensch auf einen großen Schatz wichtiger Erfahrungen zurückgreifen kann. Letztlich geht es darum, mit Fragen zu bewegen (Emotion = lat. *emovere* = »sich bewegen«), den inneren Frieden zu spüren und die Balance in unserem Leben zu stärken.

Ich schenke Ihnen die Rezeptvorschläge – das Menü zaubern Sie selbst!

Einige meiner Lieblingsfragen laden Sie schon beim Durchblättern des Buches zu eigenen Antworten ein, denn sie sind größer geschrieben. Ich bin gespannt, welche drei Fragen Ihre Lieblingsfragen werden. Wenn Sie Lust haben, schreiben Sie mir Ihre Favoriten: info@drbeilfuss.de

1 Das Leben und seine Orte als Reise

An einem bestimmten Ort nimmt das Leben seinen Anfang. Liegt unser Anfang nicht eigentlich an jenem Ort, an dem wir gezeugt werden? Aber wer weiß das schon. Wer kann darüber Auskunft geben? An dem Ort, an dem wir geboren werden dagegen, gibt es in den meisten Fällen sowohl Zeugen als auch Dokumente. Diesen Ort geben wir dann lebenslang als unseren Geburtsort an. Er steht in der Geburtsurkunde, im Personalausweis und im Reisepass. Doch was bedeutet er für uns selbst? Welche Haltung nehmen wir ihm gegenüber ein? Dass wir uns ihn nicht ausgesucht haben? Dass wir ihn zu wenig kennengelernt haben? Dass er unser Zuhause geworden ist? Dass er der Ausgangsort unserer Lebensreise ist? Dass er Teil unserer persönlichen Lebensgeschichte ist und bleibt?

Warum also nicht die Lebensgeschichte von Anfang an erzählen? Warum sie nicht als einen Weg, eine Wanderung, eine Reise beschreiben, in der wir von Ort zu Ort ziehen, unsere Spuren hinterlassen oder manchmal einem ganz bestimmten Ort treu bleiben?

Interessiert es Sie, warum manche Menschen immer wie auf gepackten Koffern sitzen und andere wiederum, nie auf die Idee kommen, den Ort zu wechseln? Sind sie neugierig, warum manche Orte nicht zum Bleiben einladen und andere eine Faszination entwickeln, die uns magisch festhält? Wollen Sie wissen, von welchen Orten andere Menschen träumen und ob aus der Fantasiereise jemals ein Abenteuer wird?

Auf dem Weg von einer Lebensstation zur nächsten verwischen sich die Grenzen zwischen Fakten und Erinnerungen, zwischen dem, was war, dem, was ist und dem, was sein kann. Manche Orte können einfach nicht vergessen werden, andere dagegen sehr schnell.

Es ist leicht vorstellbar, dass ein und dieselbe Person auf genau die gleichen Fragen im Alter von 20 Jahren ganz andere Antworten findet als mit 42 oder 75 – das ist die Chance der stetigen Neuerfindung der eigenen Geschichte, aber noch mehr die Chance, zu verstehen, dass das Leben eine

Reise ist mit einem Ausgangspunkt, einem Endpunkt und vielen interessanten Stationen.

Interview

- Welches ist der *Ausgangsort* deiner Lebensreise?
- Welche Geschichten werden erzählt über deinen *Start* in die Welt?
- Wie wurde deine Ankunft *gefeiert*?
- Wie groß war deine *Welt in deinen Kindertagen*?
- Woran erinnerst du dich gern?
- Wenn du zurückkehrst, einen Besuch machst, welchen Platz suchst du immer wieder gern auf?
- An welchen Ort führte dich *deine erste große Reise*?
- Wie ist die Entscheidung gerade für diesen Ort gefallen – und wer hat dich dorthin begleitet?
- Welche deiner *Reiseerinnerungen* bewahrst du auf wie eine kleine Kostbarkeit?
- Was ist für dich so wertvoll?
- Reisen stecken voller neuer Erfahrungen, besonders wenn man jenseits der Touristenpfade unterwegs ist. Auf welcher deiner Reisen hast du besonders viel von Orten und Menschen, ja der anderen Lebenskultur *lernen* dürfen?
- Wie hat all das dein Leben beeinflusst?
- Wie leicht oder schwer war es, von deinem ersten Zuhause *wegzugehen*?
- Was hat dich wie festgehalten? Was wolltest du keinesfalls aufgeben?
- Was hat dich aufgefordert, aufzubrechen in ein neues unbekanntes Leben?
- Welcher Ort wurde dann dein neues Zuhause?

- Welche Orte würdest du im Laufe deines Lebens *ein Zuhause* nennen?
- Wie ist jeder einzelne von diesen Orten dein Zuhause geworden?
- Welche Geschichte(n) gibt es da zu erzählen?
- Manche Veränderungen sind wie Aufbrüche, andere wie langes Suchen und wieder andere wie glücklich *ankommen*.
  Woran konntest du deutlich spüren, dass du an einem neuen Platz im Leben wirklich angekommen bist – sozusagen gekommen, um zu bleiben?
- Welche wichtigen Schritte oder Etappen gab es in diesem Heimischwerden?
- Wie viele *Ortswechsel* hast du generell schon erlebt?
- Welcher war der schwierigste? Was hast du als schwierig empfunden?
- Welcher war der angenehmste? Welche Türen haben sich da für dich geöffnet?
- Weißt du, wenn man irgendwo eine Zeit lang gelebt hat, dann hat man dort seine *Spuren hinterlassen*. Erzähl mir ein wenig darüber, welche Spuren du hinterlassen hast und suche dir einen Lebensort dafür aus, über den du gern etwas berichtest.
- Welche Spuren hast du hinterlassen?
- Wer hat mit dir zusammen Spuren hinterlassen?
- Was ist dir dort gelungen?
- Orte sind nicht nur Örtlichkeiten, sondern oft Plätze voller Gelegenheiten, andere Menschen kennenzulernen, neue, oft sehr *berührende Begegnungen* erleben zu dürfen. Welchen Menschen bist du begegnet, die dein Leben sehr bereichert haben?

- Wo hast du sie getroffen?
- Wer aus diesem großen Ensemble bewegender Begegnungen hinterließ bei dir einen unauslöschlichen Eindruck?
- Wer war ein kluger Ratgeber? Wer ein Ideenspender?
- ... und wer ein zuverlässiger Rettungsdienst?
- Aus welcher Begegnung wurde eine Freundschaft, eine Liebe oder eine tiefe Verbindung?
- An welchem Ort warst du bisher *am längsten*?
- Was hat dich eingeladen, dort so lange zu bleiben?
- Welche *Wurzeln* hast du fest in der Erde verankert?
- Wie hast du dort Sicherheit und Geborgenheit erleben können?
- Was ist in den Jahren dort entstanden?
- Wenn du an deinem 70. Geburtstag eine Rede hältst über diese Zeit, was wirst du über diesen Lebensabschnitt sagen?
- Was macht das Leben, *dort wo du jetzt gerade bist*, für dich lebenswert?
- Was macht diesen Ort *genau richtig* für dich?
- ... oder wenn nicht:
  Welcher Ort ist deine nächste Entscheidung? Wo willst du demnächst hin?
- Träume sind eine ganz eigene Kategorie, nicht alle sind dazu da wahr zu werden. Manche Vorstellungen genießt man besonders, weil sie ein Traum sind und bleiben.
  Was ist für dich ein *Ort deiner Träume*?
- Was genau macht diesen Ort für dich so wunderbar?

Wohin verreist du immer wieder in deiner Fantasie?

- Welche Vorstellung lädt dich ein zum Träumen und *Entspannen*?
- *Welche Orte warten* noch auf dich?
- Wenn du eine Tüte voll Geld und Zeit investierst und du dem Alltag entwischst, wo finde ich dich dann?
- Welches *große Reiseziel* steht noch auf deiner Lebensagenda? Was fasziniert dich an diesem Ort? Was genau möchtest du dort erleben?
- Welcher Ort ist ein *Zukunftsort* für dich?
- ... und welcher ist definitiv keiner?

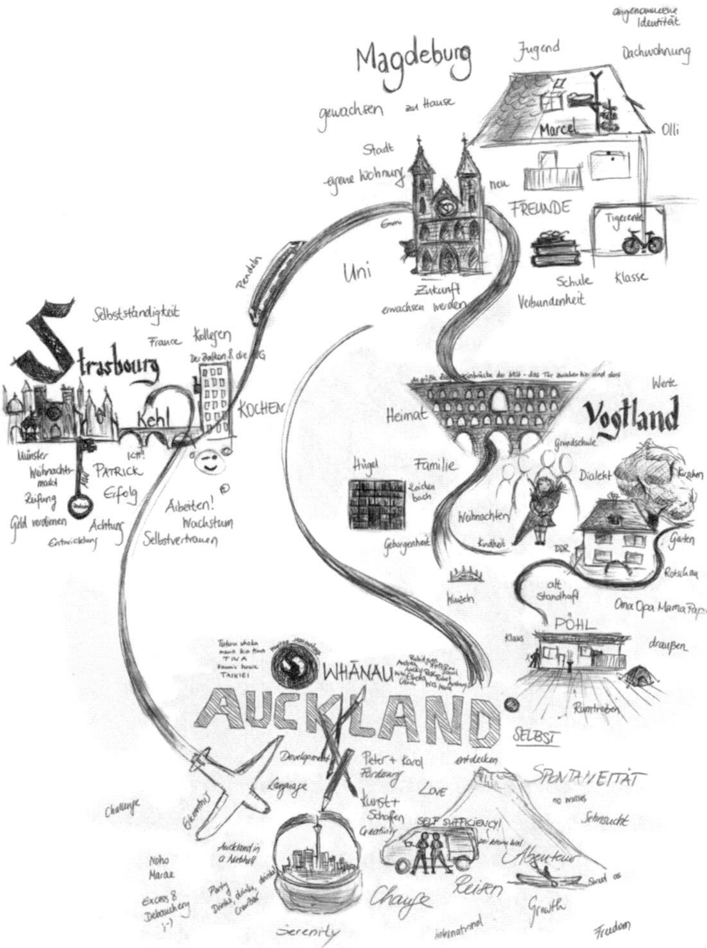

Beispiel für die Gestaltung einer Lebensreise

2 Die Kindheit

Die Kindheitstage, die in unserer Erinnerung wirken, bleiben lebenslang bedeutungsvoll, auch wenn sie uns zeitweise sehr nah und dann auch wieder sehr fern erscheinen. Die Kindheit ist der Beginn von etwas, etwas sehr, sehr Wertvollem, nämlich unserem eigenen Leben. Jeder Beginn ist das Beschreiben eines weitestgehend leeren Blattes, ist das Betreten eines neuen Raumes, der nach Gestaltung und Lebendigkeit ruft, ist der Auftakt zu einer Sinfonie, die über die Weite des Lebens ihre Akkorde klingen lässt. Kinder entscheiden nicht darüber, wie sie ihr Leben beginnen, sondern sie werden mit all ihrem verborgenen Potenzial in ein Leben hineingeboren mit familiären Beziehungen und Lebensräumen – und mit der Kraft, unter allen Umständen in ihr Leben zu finden.

Es ist aber nicht so leicht, wie wir oft denken, über eine »gute« oder »schlechte« Kindheit zu befinden, denn in jeder Kindheit finden sich tiefe Verbindungen neben enttäuschenden Erfahrungen, liebevolle Förderung neben harten Forderungen, schützende Geborgenheit neben verletzender Gefühlskälte. Entscheidend für tragende Erfahrungen scheinen das Mischungsverhältnis und die Intensität der einzelnen Erfahrungen zu sein. Zudem unterliegen Erinnerungen immer wieder einer Umschreibung, das »Material« wird neu geordnet. So ist es möglich, bestimmte Erinnerungen mit mehr Licht aus dem eigenen Scheinwerfer zu versorgen und andere mit weniger. Sich erinnern heißt immer eine Auswahl treffen!

Eine wichtige Frage ist: Welche Auswahl dient meiner inneren Seelenbalance?

Vergessen ist tatsächlich eine wunderbare Funktion des Gehirns, denn es befreit uns von etwas, das wir gern vergessen wollen. Wenn man (noch) nicht vergessen kann, muss man es zumindest nicht ständig wieder hervorholen, ausführlich besprechen, seelisch filetieren oder zergrübeln. Man kann sich selbst mehr und mehr innerlich den Dingen zuwenden, die uns wertvoll und bewahrungswürdig erscheinen. So kann man sich einladen, sein Leben immer wieder rückblickend neu zu verstehen. Es gelingt, jeder Lebenszeit etwas Wertvolles abzugewinnen und ihr einen Platz zu geben. Lebensbalance heißt, mit den Dingen des Lebens in Balance zu sein, die Schätze der Kindheit geborgen zu haben und bei sich zu tragen.

Interview

- In unserer Kindheit entdecken wir die Welt. Sie besteht aus Klängen, Farben, Gerüchen und vielem mehr. Wenn du dich erinnerst, welcher Geruch führt dich direkt an einen wunderbaren Ort deiner Kindheit? Was passiert dort, was erlebst du?
- Was sind deine intensivsten Bilder aus der Zeit, als du gerade anfingst, die Welt auf eigenen Beinen zu entdecken?
- Wenn du dich erinnerst an Nähe, Wärme und Zuwendung, die du spüren konntest, wo hast du Geborgenheit erlebt als Kind?
- Wessen Zuwendung und liebevolle Aufmerksamkeit hat dir – und sei es nur für Momente – richtig gutgetan?
- Als Kind kann man Dinge sehen, die andere nicht wahrnehmen können, man verfügt über eine große Fantasie und Vorstellungskraft. Daraus resultiert eine Art magisches Denken, das uns zahlreiche Geschichten schenkt, die die Vernunft später infrage stellt.
  Woran hast du als Kind fest geglaubt?
- Was war ein Ort voller Geheimnisse für dich in deiner Kindheit?
- Welche Geschichten, welche Figuren und Helden haben deine Fantasie beflügelt?
- Eine Kindheit ohne Spiel gibt es nicht. Kinder lieben Spielzeuge, Autos, Puppen, Bausteine. Sie spielen aber genauso mit Holzstöcken, Stricken, Steinen oder Federn – Hauptsache man kann etwas damit tun.
  Womit hast du gern gespielt?
- Was war dein erstes Spielzeug? Von wem hast du es bekommen?

- Was war als Spielzeug dein absoluter Favorit?
- Was mochtest du so sehr daran?
- Wie lange und wohin hat es dich begleitet?
- Mit wem hast du am liebsten gespielt – wer war ein echter Spielgefährte?
- Mit wem hast du richtige Spielabenteuer erlebt? Was habt ihr euch zusammen ausgedacht?
- Wer war die wichtigste Person deiner Kindheit?

Wem hast du dein kleines Herz geöffnet?

- Wem hast du dein Vertrauen geschenkt?
- Welche frühen Erinnerungen an deine Mama, deinen Papa berühren dein Herz?
- Welches Foto aus deiner Kindheit schenkt dir gute Erinnerungen?
- Jede Kindheit hat ihre Helden. Manchmal sind es Figuren, manchmal ganz reale Menschen. Wer ist definitiv ein Held deiner Kindheit?
- Was zeichnet ihn aus? Wobei hat er geholfen? Wie hat er dich unterstützt?
- Manchmal passieren Dinge, von denen man später sagt, dass sie die Kindheit beendet haben. Was würdest du sagen, was für dich das Ende deiner Kindheit bedeutete?
- Wie hat sich dein Leben von dort aus entwickelt?

Welche drei Dinge hast du heute noch (symbolisch) in deiner Hosentasche, weil sie für immer und ewig zu deiner Kinderzeit gehören?

Rückschau aus heutiger Sicht

- Wenn du so zurückschaust, was war dein größter Kindheitstraum? ... und wie wirkt er in dein jetziges Leben hinein?
- Welche Erinnerungsstücke aus deiner Kindheit hast du bis heute aufbewahrt? Was bedeuten sie dir?
- Wie hast du deine/n erste/n Freund/in gefunden? An welche Kindheitsabenteuer mit ihm/mit ihr erinnerst du dich besonders gern?
- Was berichten deine Eltern, wofür du schon früh Talent hattest?
- Wenn ich mal eine kleine Umfrage in deiner Familie mache, was wird mir dann erzählt, worin du schon ganz früh selbstständig warst?
- ... wo du deinen eigenen kleinen Dickkopf hattest – so etwas wie ein unübersehbares Zeichen des eigenen Willens? ... Wo du enormes Durchsetzungsvermögen gezeigt hast?
- ... für welche Dinge du zu begeistern warst?
- ... wo du ungebremste Energie entwickelt hast?
- Welche Aufgaben du gern übernommen hast?
- Wem du immer wieder gern geholfen hast?
- Wenn du deine Kindheit in ein Buch bringen würdest, welcher Titel würde dir gut gefallen?
- Welches Bild gehört für dich auf die erste Seite? ... und welches auf die letzte?
- Die Kindheit ist wie eine erste Schatzkiste im Leben. Es ist schön, immer wieder mal hineinzuschauen, um sich ein Stück Entdeckungsfreude, Staunen, ein

kleines Wunder, Spiellaune oder dieses Unbeschwert-Dummheiten-Machen herauszuholen.
Welche schönen Dinge liegen in deiner Schatzkiste ganz oben?

Was hast du dir aus deiner Kindheit bis heute bewahrt?

- Was solltest du dir öfter gönnen?
- Was willst du unbedingt wiederentdecken?
- Welches sind deine wichtigen Erfahrungen aus deiner Kindheit, die dir immer wieder geholfen haben, das Leben zu meistern?

  Welche Dinge, die dir als Kind Schwierigkeiten bereitet haben, hast du heute längst überwunden? Was macht dich ein Stück stolz, wenn du auf deine eigene Entwicklung zurückschaust?

Schöne *Erlebnisse* aus meiner Kindheit

Was wir als Kinder erleben, das hat eine Intensität, eine Leuchtkraft, die uns häufig im Leben verloren geht – wir hüpfen in die Luft vor Freude, weinen, wenn ein anderer weint, toben über Wiesen und lachen so tief aus dem Herzen, dass uns keiner widerstehen kann. Es gewährt uns einen versöhnlichen Blick auf unser Leben, wenn wir uns an die wertvollen und leuchtenden Momente unserer Kindheit erinnern. Es ist wie ein Blättern im Lebensalbum, und dieser sanfte, liebevolle Rückblick unterstützt unsere Ausgeglichenheit.

Damals gab es eine Welt voller Gefühle, wir verbanden Erlebtes mit Lust oder Angst, lernten das Gute vom Bösen zu unterscheiden, entwickelten Vorlieben ebenso wie Abneigungen. Woran erinnern Sie sich gerne zurück? Vielleicht an Sandkastenfreunde, eine wundervolle Feier, an die Streicheleinheiten der Großmama oder einen besonderen Urlaub mit den Eltern? Eine Begegnung, die Sie tief beeindruckt hat? Ihr Lieblingsbuch, mit dem Sie sich an einen geheimen Ort zurückgezogen haben? Ein Haustier, mit dem Sie oft gespielt haben?

Kramen Sie in der Schatzkiste Ihrer angenehmen Erinnerungen. Welche Erinnerung lässt Sie innerlich erstrahlen?

____

____

Schätze aus meiner Kindheit – Kindheitserlebnisse, an die ich mich besonders gern erinnere:

Fragebogen für Eltern

Liebe Eltern,

seit den ersten Lebensmomenten sind Sie die engsten Begleiter Ihres Kindes. Viele wertvolle Momente machen Ihr Familienleben reich an Erfahrung und reich an Gemeinsamkeit. Bitte helfen Sie uns als Experten der ersten Stunde, Ihr Kind besser kennenzulernen.

Wenn Sie so zurückschauen, hat Ihr Kind auf seine ganz besondere Art seinen Weg ins eigene Leben gemeistert. Die erste Meisterleistung war, mit viel eigener Kraft auf diese Welt zu kommen und der Welt mit einem Schrei deutlich zu machen, dass man hier jetzt kräftig mitmischen will.

Uns interessiert daher:

Was hat Sie als Erstes fasziniert an Ihrem Kind?

Welche kleinen Eigenarten, welche kleine Persönlichkeit haben Sie schon sehr früh bemerkt?

Was hat Ihr Kind in den ersten Monaten gut gelernt?

In welchen Situationen war und ist Ihr Kind voller Energie?

Worüber lachen Sie gemeinsam?

Wer in Ihrer Familie oder Ihrer Umgebung hat Ihr Kind sehr ins Herz geschlossen?

Wer, außer Ihnen selbst, hat viel Kontakt mit Ihrer Tochter/Ihrem Sohn?

Welche Talente zeigten sich schon jetzt, in den ersten Lebensjahren?

Womit hat Sie Ihre Tochter/Ihr Sohn immer wieder überrascht?

Wie erleben Sie Ihre Tochter/Ihren Sohn als Geschwisterkind?

Worin sehen Sie eine gute Entwicklung? ... und wo wünschen Sie sich eine Verbesserung?

Wie hat Ihr Kind den ersten Freund, die erste Freundin gefunden?

Was spielen die beiden am liebsten?

Gerne würden wir auch Folgendes noch erfahren:

Das Lieblingsspielzeug

____

Der Lieblingsort

____

Das Lieblingsessen

____

Das Lieblingsgetränk

____

Die Lieblingsnascherei

____

Die Lieblingsfernsehsendung

____

Die Lieblingsmusik

____

Das Lieblingswort

____

Die Lieblingskleidung

____

3 Die Jugendzeit

Die Jugend verbindet man mit Aufbruch. Wohin wir aufbrechen, wissen wir noch nicht, aber dass wir nicht dort bleiben können, wo wir sind, das spüren wir ganz genau. Wir wollen dabei sein – wobei auch immer, jedenfalls am Puls des Geschehens, am Puls des Lebens. Langweilig war gestern, »hot« oder »cool« sind die Temperaturen des neuen Lebens. Innere Unruhe, unstillbare Neugier, Experimentierfreude sind Signale der Veränderung. »Dissozial«, »aggressiv«, »Borderline«

und »Sucht« sind die klinischen Anmerkungen zu häufigen Grenzübertritten dieser Zeit. Wir verlassen den heimischen Kokon, ignorieren die Regeln, segeln auf neuen, unbekannten Routen, zuweilen unter Piratenflagge, mit Blue Jeans, gepierct, oben ohne und selbstverständlich in der falschen Begleitung.

Wozu das alles? Die Macht der Gefühle bahnt sich ihren Weg. Es ist, als ob man sich selbst neu kennenlernen muss. Das Wort »Jugendsünde« umschreibt in der Regel etwas, das wir mit aller Intensität betrieben haben, mit höchster Leidenschaft und sturer Überzeugung, und was sich dennoch – oder gerade deshalb – als vorübergehend, flüchtig, nicht haltbar oder gar als nicht (mehr) erstrebenswert erwiesen hat. Schade eigentlich.

Interview

- Manche starten früh, manche spät, in das, was wir Pubertät nennen, manche laut und andere ganz leise. Wie war es bei dir?
- Wie alt warst du damals?
- Was waren deine ersten Aktionen als jugendlicher Rebell, an die du dich schmunzelnd erinnerst?
- Wie würdest du dich beschreiben, wie warst du als junge Frau/als junger Mann?
- Was fanden deine Freunde an dir toll?
- Was fanden deine Eltern nervig?
- Was ging dir auf die Nerven?
- Wovon warst du absolut begeistert?
- In dieser aufregenden Zeit ist man immer gegen etwas Wichtiges und für etwas noch Wichtigeres. Wogegen warst du? ... und wofür hast du ganz klar Position bezogen?

- Hast du dich in einer Gruppe organisiert oder warst du lieber allein unterwegs?
- Wer war ganz klar auf deiner Seite und wer waren »die Gegner«?
- Was hast du erreichen können – und was auch nicht?
- Welchen Blick hast du heute darauf?
- Was waren deine Themen? Wofür hast du dich interessiert?
- Wo warst du echter Fan? Was von dieser Begeisterung wirkt heute nach wie vor?
- Was hast du gesammelt? Wie hast du die Dinge zusammenbekommen? Was bedeutete dir das? Was ist daraus geworden?
- Wie hast du deine Schulzeit gut zu Ende gebracht?
- Wobei hast du dich richtig angestrengt?
- Welche Stärken kannst du heute ganz deutlich benennen, auch wenn manches nicht auf Anhieb so geklappt hat?
- Welche Aufgaben, Abschlüsse etc. hast du besser gemeistert als gedacht?
- Wer hat dich gefördert? Wer hat an dich geglaubt?
- Was hat derjenige in dir gesehen an starken Seiten?
- Wie beschreiben deine Freunde von damals deine Talente, dein Feuer, das Unnachahmliche an dir?
- Welche Kontakte aus deiner Schulzeit pflegst du heute noch?
- Was macht dir daran Freude?
- Den eigenen Stil finden, nicht 08/15 sein, ist ein wichtiges Thema.

  Wie würdest du deinen Stil beschreiben? Wie hast du ihn gefunden?

- Was hast du am liebsten getragen?
- Welches Outfit hast du mit purem Selbstbewusstsein gefüllt?
- Was war dein Gute-Laune-Outfit?
- Was kam bei anderen gut an?
- Welche Kleidung hat immer wieder zu Diskussionen geführt?
- Wie hast du deinen Geschmack verteidigt?

Was waren die Lieblingssorgen, mit denen du deine Eltern beschäftigt hast?

- Wie haben sie ihrerseits reagiert?
- Was davon kannst du im Nachhinein einfach besser verstehen?
- Was davon ist abgehakt?
- Welche Abenteuer mit anderen sind echte Anekdoten?
- Worüber staunst du selbst immer wieder?
- Was denkst du, an welche Gemeinsamkeiten erinnern sich deine damaligen Freunde am liebsten?
- Wie hast du am liebsten auf dich aufmerksam gemacht? Womit hast du gepunktet?
- Welche Eroberungen hast du gemacht?
- Wann hast du dich das erste Mal über beide Ohren verliebt? ... und was war das Größte daran?
- Was ist ein wahnsinnig intensiver Moment für dich bei der Entdeckung der Liebe gewesen?
- Was war die schmerzhafteste Erfahrung in der Liebe?
- Wer oder was hat dir geholfen, den Liebeskummer zu überwinden?
- Was war der größte Fehler, den du aus Liebe begangen hast?

- Was hast du daraus gelernt?
- Wer ist dein Jugendidol?
- Was hat dich an ihm/ihr absolut fasziniert?
- Welche Art zu leben verkörpert er/sie?
- Womit hat er/sie Erfolg – Erfolge, die du auch gern erreichen wolltest?

Welcher Soundtrack gehört zu deiner Jugend?

- Welche Songs haben bis heute Kultstatus?
- Für welche Band hast du alles in Kauf genommen, um ihre Musik zu hören?
- Was war deine Kultband?
- Welche Geschichten gibt es über dich und deine Bands, deine Musik?
- Welche deiner Gefühle hast du in dieser Musik wiedergefunden?
- Wie hast du deine Freiheit zelebriert?
- Welche Freiräume hast du dir erobert? Was hast du dort erlebt?
- Was hieß Freiheit damals für dich? ... und wie beschreibst du Freiheit heute?
- Was hat dich als jungen Menschen bereits zu einer Persönlichkeit gemacht?
- Wie würdest du deine starken Charakterzüge beschreiben?
- Was davon darf gern in deinem heutigen Leben wieder eine größere Rolle spielen?

4 Beziehungswelten

Egal wo wir sind, wir sind immer in Beziehung. Unser Leben ist von der ersten Minute an bis zur letzten von Beziehungen geprägt – wir sind Beziehungswesen. Neben unseren familiären Beziehungen gibt es Hunderte andere, die sich wie ein Geflecht kleiner und großer Lebensadern durch unser Leben ziehen. Freunde, Nachbarn, Klassenkameraden, das Fußballteam, Kommilitonen, Arbeitskollegen, Chefs, Mentoren, die freiwillige Feuerwehr, die Reisegruppe oder der Tanzkurs – wir begegnen vielen Menschen und immer besteht die Chance, dass sie ein wichtiger Bestandteil unseres Lebens werden. Therapeutische Gespräche mit begrenzter Zeit kommen bei solch einer Fülle schnell an ihre Grenzen. Dagegen stehen schmerzhafte Trennungen, Enttäuschungen und Beziehungen, die von Konflikten, Neid und Enttäuschungen geprägt sind, häufig im Fokus therapeutischer Bemühungen. Es beschäftigt die Seele oft bis zur Überlastung, wenn Beziehungen nicht gelingen. Man sieht daran, wie tief der Wunsch in uns steckt, Teil einer guten Gemeinschaft zu sein, geschätzt, geachtet und integriert.

Die Weite unseres Beziehungslebens zu spüren, statt an einer Beziehung unser Seelenheil festzumachen, ist eine mögliche Antwort auf den Schmerz an einer bestimmten Beziehungsnaht. Und vergessen wir nicht die Beziehung zu sich selbst: sich selbst lieben und sich selbst ein guter Freund/eine gute Freundin sein.

Interview

- Wo triffst du Menschen, mit denen du dich gern und oft austauschst?
- Was macht diesen *Austausch* so lohnenswert?
- Wie hast du diese Kontakte geknüpft? ... und wie gestaltest du sie?
- Wenn du an deine alltäglichen Aufgaben, dein übliches Pensum an Pflichten und Arbeit denkst, wer jenseits deiner Familie holt dich da immer mal wieder raus?
- Welche Idee zündet immer wieder als kleiner »Alltagsbreak«, als gelungener *Ausstieg aus dem Alltag*?
- Wo trefft ihr euch und was macht ihr miteinander?

- Worin zeigt sich in deinen Augen die Qualität einer *langen Freundschaft*?
- Wie lange existiert solch eine Freundschaft in deinem Leben?
- Wie erklärst du dir diese Treue, diese bleibende Lust am Miteinander zwischen euch beiden?
- Welche Beziehungen in deinem Leben haben dich maßgeblich *geprägt*?
- Welche Menschen haben einen tiefen Eindruck bei dir hinterlassen?
- Welche Menschen sind zu *wichtigen Begleitern* deines Lebens geworden?

Wer besitzt ein Dauerabonnement in deinem Herzen?

- Wer akzeptiert dich so wie du bist?
- Was genießt du besonders in der *Gesellschaft* lieber Menschen?
- Wenn du einmal überlegst, zu wie vielen Menschen du innerhalb einer Woche Kontakt hast, auf wie viele kommen wir in etwa?
- Welche von diesen Beziehungen würdest du enger nennen und welche sogar »vertraut«?
- Welches ist die längste Beziehung in diesem Ensemble?
- Was ist das Geheimnis eurer *bleibenden* Verbindung?
- Mit welchem Freund bist du den bisher schwersten Weg gegangen?
- Wie erklärst du dir diese berührende *Treue* zueinander?
- Wer ist deine *neueste* Entdeckung?
- Wie seid ihr in Kontakt gekommen?
- Wie hat er/sie deine Aufmerksamkeit errungen?

- Was interessiert dich an diesem Menschen besonders?
- Wer in deinem Umfeld hat einen besonders *glücklichen Einfluss* auf dich?
- Wer bringt dich voran, schenkt dir Mut, Kraft und Zuversicht?
- In welcher Beziehung ist das *Geben und Nehmen* sehr ausgeglichen?
- Was bekommst du dort reichlich?
- ... und wie bist du für den anderen ein guter Geber/ eine gute Geberin?
- In welcher Beziehung ist das Geben und Nehmen in einer Schieflage?
- Wer bekommt da zu wenig? Wie erklärst du dir das?
- Wie wird es sich in nächster Zeit verändern?
- Was kannst du tun, um mehr Ausgleich zu schaffen?
- Wenn es so bleibt, welche Auswirkungen wird es haben?
- Welche Beziehung ist wirklich *besonders*?
- Was macht sie für dich so besonders?
- Was genießt du daran?
- Welche Beziehung empfindest du oft als schwierig, aber trotzdem sehr wertvoll?

Welcher Beziehung trauerst du noch nach?

- Welcher *Schmerz* erzählt noch mit dir? Welche Geschichte erzählt der Schmerz?
- Was meinst du, wie kann eine solch *alte Wunde* heilen?
- Welcher Wunsch für die Zukunft verbindet sich mit dieser Erfahrung?
- Wenn du dich im Kreise der Menschen, die dein *Herz berührten*, umsiehst, wer hat dir etwas besonders Wertvolles im Leben geschenkt?

- Wen hast du dir immer wieder zum *Vorbild* genommen in einer bestimmten Haltung dem Leben gegenüber?
- Wer zeigt dir immer wieder, dass *Loyalität und Ehrlichkeit* keine leeren Worte sind?
- Was bedeutet dir das?
- Was ist dein Kapital in dieser Beziehung?
- Wer stellt immer wieder *kluge Fragen*, die dich weiterbringen?
- Von wem nimmst du auch *Hinweise und Korrekturen* gern an, weil sie dir helfen?
- Wer ist ein sehr liebevoller und dennoch kritischer Beobachter deiner persönlichen Entwicklung?
- Wer versteht das Leben besonders zu genießen und hat dich immer wieder mit leichten, *genussreichen Momenten* versorgt?
- An welche drei Momente voller Leichtigkeit erinnerst du dich besonders gern?
- Wer bringt dich immer wieder zum *Lachen*?
- Wie macht er/sie das?
- In welcher Runde wird am meisten gelacht?

Wer hat dich schon einmal aus einer verdammt schwierigen Situation befreit?

- Was hat dir dieses Handeln ermöglicht?
- Wie hast du deine Dankbarkeit gezeigt?
- Wem hast du einmal sehr *wehgetan*, ohne dass es deine Absicht war, ihn/sie zu verletzen?
- Was hast du versucht, um es *wiedergutzumachen*?
- Wie ist es weitergegangen?
- Was hast du daraus gelernt?

- Wer ist dein Lieblingspartner für »Spinnstunden«? Was kommt dabei heraus?
- Wie nutzt ihr eure gemeinsame *Inspiration*?
- Wer in deinem Umfeld ist ein besonders *zuverlässiger Partner* für zukünftige Projekte?
- Wer wird dich definitiv begleiten, wenn du neue Schritte machst?
- Wenn ihr beide eine Sache zukünftig gemeinsam in Angriff nehmt, was könnte dabei herauskommen?
- Wer ist dein *Ass im Ärmel*, wenn es mal schwierig wird?

Wer ist dein Telefonjoker, wenn Hilfe gebraucht wird?

- Wer wird definitiv auch in 10 Jahren noch engen Kontakt zu dir halten?

Meine starken Seiten in Beziehungen

Unsere Beziehungen sind uns wichtig, denn hier finden wir Vertrautheit, Offenheit und Verständnis. Auch verbinden uns gemeinsame Interessen, Unternehmungen und der Wunsch, einander zu helfen und zu unterstützen. Was sagen Freundinnen und Freunde, Kolleginnen und Kollegen und gute Bekannte, welche starken Seiten zeigen Sie in diesen Beziehungen? Welche starken Seiten möchten Sie selbst benennen?

Meine besonders guten Beziehungen:

____

____

____

____

Diese starken Seiten zeige ich hier:

____

____

____

____

5 Familie

Familie ist ein Zauberwort fürs Leben, denn dort liegt der Anfang des eigenen Lebens. Wir sind in etwas hineingeboren, in familiäre Beziehungen, in bestimmte Umstände, soziale und kulturelle Zusammenhänge. Mama und Papa sind die Haltegurte in ein Leben, das wir allein definitiv nicht meistern können. Aber auch Geschwister, Großeltern,

Tanten, Onkel, Cousins und Cousinen spielen eine große Rolle. Jeder, der hineinlächelt in ein Kinderbettchen, lädt ein zu Vertrauen und Vertrautheit.

Manch ein Lebensstart beginnt mit Schwierigkeiten und Hindernissen. Kinder werden manchmal leider früh mit Unsicherheit und Unzuverlässigkeit konfrontiert, sodass ihr kleines Leben schon zu viele Tränen kennt. Aber wo Tränen sind, ist auch Trost. Eine Familie besteht aus allem, was zwischen Glück und Tränen angesiedelt ist.

Aber in Familien geht es nicht nur um das eigene Schicksal – viele Schicksale laufen dort zusammen, wie in einem Schmelztiegel voller Leben, jedes einzelne Leben ein Unikat und alle miteinander verknüpft. Wie kann man das Leben genießen, wenn es einem anderen sehr schlecht geht? Wie kann man dem Leben vertrauen, wenn die Familie alles verloren hat?

Wie strahlt es auf andere Familienmitglieder ab, wenn sich großer Erfolg einstellt? Wie viele Menschen freuen sich daran, dass ein Kind geboren wird?

Eine Familie ist ein Erfahrungsraum mit hoher Dichte und bleibender Bedeutsamkeit. Werfen Sie einen Blick hinein in dieses weitverzweigte Universum der familiären Bindungen.

Interview

- Die Geschichte einer Familie reicht weit in die Vergangenheit zurück. Welches Kapitel deiner Familiengeschichte schlägst du öfter auf, weil es dich so interessiert?
- Woher kommt deine Familie? Wo liegen eure Wurzeln?
- Welche Erfahrungen haben deine Familie geprägt?

- Welche besonderen Lebensumstände spielten eine Rolle?
- Welche besonderen Gefahren haben Familienmitglieder bereits bestanden?

Wie habt ihr das Glück in der Familie bewahrt?

- Welche Werte werden in deiner Familie in besonderem Maße gelebt?
- Was ist euch daran wichtig?
- Welches Lebensmotto deiner Familie hat sich über Jahre bewährt?
- Wie hast du es in deinem Leben nutzen können?
- Eltern geben uns viele Dinge mit auf den Weg.
  Für welche drei Dinge bist du deiner Mutter besonders dankbar?
  Welche Stärken hat dir dein Vater mitgegeben?
- Großeltern sind im Leben weit voraus. Als du auf die Welt kamst, waren sie voller Freude über die Geburt ihres Enkelkindes. Wie wurde deine Geburt gefeiert?
- Wer aus der Familie war noch zu Gast?
- Welche Erinnerungen an deine Großmutter und deinen Großvater als du ein kleines Mädchen/ein kleiner Junge warst, wärmen dein Herz?
- Was hast du mit ihnen erlebt?
- Was hast du von ihnen gelernt?
- Was haben sie dir ermöglicht? Wie haben sie dich gefördert?
- Was war der größte Unterschied zwischen deinen Großeltern und deinen Eltern für dich? ... und was die größte Gemeinsamkeit?

- Wie beschreibst du deine Beziehung zu deinem Bruder/deiner Schwester/deinen Geschwistern?
- Was hat euch in der Kindheit verbunden?
- Wie hat sich diese Verbindung weiterentwickelt?
- In welcher Hinsicht hattet ihr es manchmal nicht leicht miteinander?
- Worauf hättest du gern verzichten können?
- Worauf hättest du niemals verzichten wollen?
- Wofür war so ein Geschwister-Training besonders gut?
- Worin erlebst du deinen Bruder/deine Schwester als besonders verlässlich?
- Welche Potenziale stecken heute noch in eurer Beziehung?
- Wer in deiner Familie gehört zu den Vertrauten deiner Kindheit?
- Wer hat dir Geschichten erzählt?
- Wer hat viel Anteil an deinem Leben genommen?
- Wie hat sich eure Beziehung im Laufe der Jahre entwickelt?
- Wie gestaltet ihr eure Kontakte?
- Was gelingt euch besonders gut?
- Was verbindet euch im Inneren?
- Es ist gar nicht so einfach, eine große Familie zusammenzubringen. Umso schöner, wenn es einen Anlass gibt, gemeinsam zu feiern. Welche Familienfeiern haben die Familie zusammengeführt?
- Wann seid ihr zuletzt alle zusammengekommen?
- Wie viele seid ihr, wenn ihr zusammenkommt?
- Was macht ihr besonders gerne miteinander?
- Was darf auf keiner Feier fehlen?

- Viele Familienfotos erzählen Geschichten.
  Welche Fotos liebst du?
- Wenn du einige aussuchst, die du bei dir haben willst, welche wählst du?
- Welches ist dein aktuelles Lieblingsfoto?
- Wenn du mir deine Familie vorstellst, welche drei Dinge sind dir wichtig dabei?
- Wen möchtest du besonders hervorheben, weil er/sie ein besonderes Vorbild für dich ist? ... weil er/sie einen ganz besonderen Platz in der Familie verdient?
- Was, meinst du, ist eine ganz besondere Qualität der Generation deiner Eltern/deiner Großeltern?

Vor welchen Leistungen in deiner Familie hast du großen Respekt?

- Jede Familie erlebt auch Unruhe und Zerfall im Laufe der Geschichte. In welcher Situation war der Zusammenhalt in Gefahr?
- Was hat Anlass zu Konflikten in deiner Familie gegeben?
- Wie wurden sie gelöst?
- Immer wieder ereilt uns Menschen so etwas wie ein schweres Schicksal. Gibt es solch ein Schicksal auch in deiner Familie?
- Wer war davon betroffen?
- Welche Spuren hat es hinterlassen?
- Wie gelang es deiner Familie, damit umzugehen?
- Was habt ihr daraus gelernt oder als wichtige Lebenserfahrung mitgenommen?
- An welcher Stelle hast du Kummer und Leid in der Familie gespürt?

- Welche Geschichte verbirgt sich dahinter?
- Welche Wirkung hatten diese Gefühle?
- Wie hat die Familie dem standgehalten?
- Welche Stärken erlebst du in deiner Familie im Umgang mit Kummer und Leid?
- Was sind für dich drei unvergessliche Momente mit deiner Familie?
- Auf welche Dinge freust du dich gerade jetzt besonders?

Welche Traditionen deiner Familie setzt du in deinem Leben fort?

- Was willst du im großen Kreis deiner Familie unbedingt noch erleben?
- Was wird euer nächstes großes Fest sein, auf das ihr euch freut?
- Was ist deine Vorstellung von guten Familienbeziehungen in den kommenden Jahren?
- Was gehört für dich unbedingt dazu?
- Was sind schöne Ideen, die von dir ausgehen und euer Miteinander bereichern?

6 Freundschaften

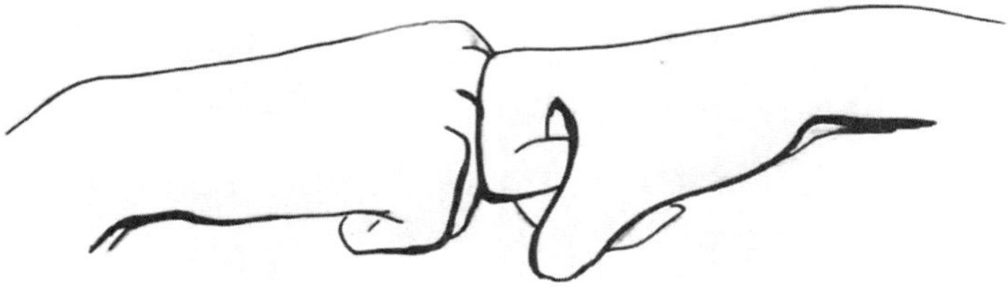

Freunde sind Menschen, die wir selbst finden. Es sind Begegnungen mit einem großen Potenzial von Verstehen, das sich über die Zeit erschließt und entwickelt. Freunde sind häufig Menschen, die den gleichen Lebenszyklus durchlaufen wie wir. Dadurch gibt es ähnliche Themen, Erfahrungen und Schwierigkeiten. Besonders wertvoll sind Freunde auch mit Blick auf unsere Geschlechtsidentität – »von Mann zu Mann« und »von Frau zu Frau« lässt sich vieles besser klären. »Die beste Freundin« und »der beste Freund« sind ein Sehnsuchtsmodell während des gesamten Lebens und wenn wir über eine solche Freundschaft verfügen, so ist dies von unschätzbarem Wert. Umgekehrt verwinden wir es nur schwer, wenn ein Freund uns enttäuscht, uns im Stich lässt oder gar verrät. Dies sind schwere Stunden im Leben – und trotzdem bleibt es dabei, dass es sich lohnt, in Freundschaften zu investieren.

Interview

- Wie habt ihr euch gefunden? Was hat euch zusammengeführt?
- Wie hast du das Herz deines ersten Freundes/deiner ersten Freundin erobert?
- Wie gestaltete sich der Beginn eurer Freundschaft?
- Welchen Weg seid ihr miteinander gegangen?

Was war der längste Weg, den du mit einem Freund je gegangen bist?

... und was war der schwerste?

- Welche Freundschaft, die dir sehr wichtig war, ist zerbrochen?
- Am Anfang hat das sicher sehr wehgetan.
  Welchen Blick hast du heute auf die Ereignisse der Vergangenheit?
  Wofür bist du ungeachtet des unglücklichen Endes deinem früheren Freund/deiner früheren Freundin dankbar?
- Dein bester Freund/deine beste Freundin und du, wie viele Jahre seid ihr befreundet?
- Welches Jubiläum feiert ihr beide?
- Was glaubst du, was hat diese Freundschaft so ausdauernd gemacht?
- Wenn es ein unsichtbares Band zwischen euch gibt, wie kannst du es mir beschreiben?
- Welche Spuren hast du in seinem/ihrem Leben hinterlassen?
- Wie hat er/sie dein Leben beflügelt?

- Welche Erfolge habt ihr beide in den Jahren zusammen gefeiert?
- Welche Höhepunkte hast du gemeinsam mit ihr/ihm erlebt?
- Welche Tiefs habt ihr zusammen durchgestanden?
- Wie haben diese Erfahrungen eure Freundschaft vertieft?
- Welche Dinge habt ihr miteinander bewegt?
- Was ist euch gelungen?
- Was sind die größten Unterschiede in eurer Lebensbahn?
- Wie wirkt das in eure Beziehung hinein?
- Welche Stärken bescheinigt ihr euch gegenseitig?
- Welche »verrückten Seiten« mag deine Freundin/dein Freund besonders an dir? Welche magst du an ihr/ihm? Wie ermuntert ihr euch gegenseitig, diese unbedingt zu behalten?
- Was sagt mir deine Freundin, was dir eine tolle weibliche Ausstrahlung verleiht?
- Was sagt mir dein bester Freund, was dich als Mann souverän und anziehend macht?

In welcher Situation hat dir deine Freundin/dein Freund schon einmal einen unschätzbaren Dienst erwiesen?

- Wovor hat er/sie dich bewahrt? ... und wovor hast du ihn/sie bewahrt?
- In welcher Situation hast du erlebt, dass er/sie dich beschützt? ... und du ihn/sie?
- Wann erlebt man euch beide in Bestform?
- ... und was sind eure nächsten Pläne?

7 Liebe

Amor wird es zugeschrieben, dass er mit seinem Liebespfeil mitten ins Herz trifft. Plötzlich besteht das Leben nur noch aus Herz, es klopft und bebt. Die Liebe erschüttert uns wie ein Erdbeben – immer wieder. Man verliert die Fassung, den Boden unter den Füßen und schwebt von nun an auf

Wolke 7. Es gibt nichts Schöneres als dieses Schweben, befreit von Eintönigkeit und Pflicht – alles ist auf einmal Kür, die Sonne scheint, die Schmetterlinge tanzen und jedem noch so grimmig dreinblickenden Menschen schleudern wir ein Lächeln entgegen. Kein Wunder, wenn wir uns in dieses Gefühl verlieben!

Schnell wird von der Liebe mehr verlangt: Verbindung und Verbindlichkeit. Und schon kneifen einige beim ersten Prüfungsmodul, weichen zurück in der Illusion, man könne sich aus lauter Anfängen ein ganzes Leben bauen. Dabei kann Liebe wachsen und sich immer wieder erneuern. Ohne Anstrengung und Mut geht das nicht. So siecht manche flammende Verliebtheit schnell dahin und manch andere wird tiefer und fester gerade dadurch, dass Dinge gemeinsam entschieden und gemeistert werden wollen.

Wer aus dem siebten Himmel stürzt, kennt die Gefahr für Leib und Leben, die Seele liegt in Fetzen, denn nichts ist schwerer als einen geliebten Menschen loszulassen – und dennoch bleibt es keinem erspart.

So reden wir Helfer, wenn wir von Liebe reden, über viele Arten, Phasen und Episoden der Liebe – die entflammte Liebe, die unerwiderte und die zerbrochene Liebe, die romantische Liebe, die Liebe auf Dauer, die späte Liebe und die Liebe bis über den Tod hinaus. Es ließe sich noch vieles anfügen, diskutieren und ergänzen, daher lohnt sich die Neugier auf die vielen unterschiedlichen Antworten auf behutsame Fragen zum schönsten und komplikationsreichsten Gefühl auf der ganzen Welt.

INTERVIEW

Beginn der Liebe

- Wie bist du denn überhaupt darauf aufmerksam geworden, dass es die Liebe gibt?
- Was hast du gesehen, erlebt, gehört oder auch gelesen, wo du schon sehr früh dachtest: »Das ist Liebe«?
- Wer war dein erstes Objekt des Begehrens?

In wen hast du dich sozusagen still und leise verliebt – wahrscheinlich rein platonisch und ohne dass er oder sie davon etwas erfuhr?

- Was war ein wenig später deine Erfolgsstrategie, um Jungen/Mädchen auf dich aufmerksam zu machen?
- Welche Eroberungen hast du als Teenager gemacht?
- Welche Eroberungen sind nicht geglückt? Wie bist du mit diesen unglücklichen Gefühlen umgegangen?
- Wann hast du dich das erste Mal richtig, richtig verliebt? ... und was war das Größte daran? ... und was war das Schlimmste daran?
- Wie hast du deine Liebe zum Ausdruck gebracht?
- ... und wie wurde sie erwidert?

Wo war dein erstes Rendezvous?
Dein erster Kuss?

- Wie haben deine Eltern reagiert? ... deine Familie?
- Wer war dein Verbündeter und hat dir echte Rückendeckung gegeben?
- Der erste Liebeskummer ist eine Katastrophe, von der man anfangs glaubt, dass man ihn nicht überleben kann – und man tut es doch. Wie hast du deinen ersten »schlimmen« Liebeskummer erlebt?

- Was hat dir geholfen, ihn zu überwinden?
- Wie vielen Frauen/Männern bist du begegnet, von denen du sagst, du hast sie geliebt?
- Jede Beziehung ist einzigartig, wie beschreibst du die Besonderheit jeder einzelnen Bindung, die du eingegangen bist?
- Was hast du mit diesem Menschen an deiner Seite Besonderes erlebt?
- Was konntet ihr miteinander bewegen und gestalten?
- Was behältst du in guter Erinnerung?
- Was glaubst du, was hast du im Leben der Menschen, die du sehr, sehr geliebt hast, hinterlassen?
- Welche Erlebnisse beschreiben das, was du unter Liebe verstehst, am besten?
- Mit wem konntest du bisher am innigsten und intensivsten leben und lieben? Wofür bist du ihm/ihr besonders dankbar?
- Was meinst du, wenn du in dich hineinhörst, von wem hast du bisher im Leben die innigste Form von Liebe erfahren?
  Wem hast du ohne zu zögern deine Liebe in vollem Maße geschenkt?

Liebe und Partnerschaft

- Wann bist du deinem geliebten Partner begegnet? Welches Bild aus dieser Zeit bewahrst du dir als kleine Kostbarkeit in deinen Erinnerungen auf?
- Starts können so unterschiedlich sein – manche furios, andere holprig und mit großen Schwierigkeiten verbunden. Wie seid ihr beide in die Liebe gestartet?

Was war euer erster großer Auftritt als Paar?

- Wie war die Resonanz? Was hat euch gefestigt und gestärkt?
- Welche Dinge habt ihr sogleich in Angriff genommen?
- Welche Geschichte aus eurer Anfangszeit muss unbedingt erzählt werden?
- Wann habt ihr euch entschlossen zusammenzuziehen?
- Wann habt ihr euch entschlossen zu heiraten?
- Wer hat wen dabei überrascht?
- Was genießt ihr in eurer Partnerschaft im Moment am meisten? Was gefällt euch am Verheiratetsein?
- Was war bisher eure beste Zeit?
- Was macht diese Zeit so unwiederbringlich schön?
- Was hast du dazu beigetragen? Was dein Mann/deine Frau?
- Was ist euer Geheimnis für eine gelingende Partnerschaft?
- Was musstet ihr euch hart erkämpfen?
- Worauf blickst du gemeinsam mit deinem Mann/deiner Frau mit Stolz zurück? Was sind eure gemeinsamen Lebenserfolge?
- Ein Paar besteht immer aus zwei unterschiedlichen Menschen, die sich in den Kopf gesetzt haben, einander gutzutun. Manchmal machen die unterschiedlichen Charaktere Schwierigkeiten, manchmal schaffen sie wunderbare Ergänzungen. Wie habt ihr die Unterschiede zwischen euch beiden, zwischen dir und deinem Mann/deiner Frau, produktiv genutzt?

Wo ergänzt ihr beide euch wunderbar?

- In eurem Zusammenleben habt ihr bestimmte Werte und Prinzipien in den Mittelpunkt eurer Lebensgestaltung gestellt. Was sind eure drei wichtigsten Lebensprinzipien?
- Wie schafft ihr es, euren Prinzipien treu zu bleiben?
- In welcher Situation ist es euch bereits gelungen, eure Prinzipien unter schwierigsten Umständen zu verteidigen?

Liebe auf Dauer

Was hält eure Liebe jung?

- Eure Liebe trägt euch über viele Jahre. Was ist das gute Fundament eurer Liebe, eurer Gemeinsamkeit, was verbindet euch beide?
- Natürlich läuft es nicht immer glatt, wenn man ein Leben zusammen gestaltet. Es gibt Missverständnisse, man macht Fehler.
  Was bezeichnest du als den schlimmsten Fehler deines Handelns in der Partnerschaft?
- Welche Folgen hatte das? Welche Reaktionen gab es?
- Was hast du rückblickend daraus gelernt?
- Was war eure bisher schwierigste Zeit?
- Worum habt ihr gekämpft oder gerungen?
- Was meinst du, was hat euch neue Zuversicht geschenkt?
- Was war das Signal, dass es gut mit euch beiden weitergeht?

- Wenn du die Chance auf Wiedergutmachung in einer bestimmten Angelegenheit bekommst, was möchtest du unbedingt noch ausgleichen?
- Was meint deine Frau/dein Mann, was deine ganz persönliche Art ist, Liebe zu zeigen?
- Woran erkennt man deine Ausdauer in der Liebe?
- Wenn die Liebe vorübergehend einmal verloren geht und du die Einsamkeit aus deinem Leben vertreiben willst, was hat sich für dich absolut bewährt?

Wenn du mit deiner Sehnsucht auf Reisen gehst, wohin führt sie dich was die Liebe angeht?

- Wo ist ein wunderschöner Platz für die Liebe? Wo kann sie blühen und gedeihen?
- Welches ist dein Lieblingsfoto in eurer Liebesgeschichte? Was erzählt es dir über dich selbst und die Liebe?
- Welches Foto von euch beiden willst du unbedingt noch machen?
- Was ist deine Lieblingsfantasie, wenn du dir erlaubst, hineinzuspüren in das, was noch kommt?
- Was gibt es bald miteinander zu feiern? Worauf freut ihr euch?

Liebeskummer

- Welcher Schmerz war der erste, den du mit der Liebe in Zusammenhang bringst?
- Wie alt warst du? Was hat dich so geschmerzt?
- Was hast du ersehnt? Wohin richteten sich deine Gefühle?

- Im ersten Liebeskummer ist man selbst überrascht über solch starke Gefühle, man weiß nicht, wie man solch ein Ausmaß von Kummer überleben kann. Wie hast du es erlebt?
- Welche Enttäuschung verbarg sich dahinter?
- Wie ging es weiter in deinem Leben?
- Wie empfindest du diese Zeit heute?
- Manche haben das Glück, sehr viel Stabilität in ihrer Liebesverbindung zu erleben, andere werden enttäuscht und wieder andere entscheiden selbst, die Beziehung zu beenden. Wie ist es bei dir gewesen?

Verlassen werden

- Bist du jemals verlassen worden? Hast du eine Beziehung beendet?
- Wer hat dich verlassen? Welche Gründe gab es? Welche Rettungsversuche?

Worüber habt ihr geweint?
Was war unendlich traurig?

- Wenn es dir sehr wehgetan hat, wie bist du mit diesem unerwarteten Schmerz umgegangen? Was hast du in dieser Phase über dich selbst erfahren?
- Welche Haltung hast du eingenommen?
- Was hat gut geholfen? Was hat mehr geschadet als geholfen?
- Was war aus heutiger Sicht ein Fehler?
- Wie würdest du es heute machen?
- Wie hast du dich auf den Weg gemacht? Wie ist der Abschied geglückt?

- Was war eine wichtige Erfahrung für dich, etwas loszulassen, das du gern behalten hättest?
- Was war deine wichtigste Aufgabe dabei? Was hast du lernen müssen?
- Welche Regelungen sind euch gemeinsam gelungen?
- Was ist dir leicht gefallen? Was hast du dir erkämpft?
- Wer hat dich auf diesem schwierigen Weg begleitet?
- Wie viel Zeit brauchtest du, um zur Ruhe zu kommen?
- Welche wertvollen Erinnerungen hast du heute an diese Liebe?

Selbst die Beziehung beenden

- Wenn du gegangen bist, wie hast du es entschieden?
- Wie hast du dich verabschiedet?

Was war schwer und was war leicht beim Gehen?

- Wie großzügig, rücksichtsvoll und tolerant warst du?
- Wie konsequent warst du?
- Was konntest du deinem Partner/deiner Partnerin mitgeben als Erklärung, als Trost oder als Unterstützung?
- Wie sahen deine ersten Schritte zurück ins eigene Leben aus?
- Wie verlief dieser Übergang für dich – und wie für die anderen?
- Wofür ist dir dein/e damalige/r Partner/in im Inneren dankbar?
- Wenn du heute an diese Beziehung denkst, was war der schönste (wichtigste, wertvollste) Teil eurer Liebe?

Welche Dankbarkeit kannst du empfinden für diese Begegnung und die gemeinsame Lebenszeit?

Nach der Trennung

- Wie lange warst du nach der Trennung allein?

Wie ist es dir gelungen, dein Leben neu zu ordnen?

- Wie hast du mit dir selbst Freundschaft geschlossen?
- Was hast du in den Mittelpunkt deines Lebens gestellt, was war dir wichtig?
- Woran konnten andere gut erkennen, dass du auch allein ein zufriedenes Leben führst?
- Was war deine erste Errungenschaft?
- In welchen Momenten hast du es besonders genießen können, dich frei und am Beginn von etwas ganz Neuem zu fühlen?
- Wie hast du zu dir selbst gefunden?

Was waren Momente, in denen du laut »Ja!« zu dir gesagt hast?

- Was war ein wichtiger Teil deines neuen Lebens?

8 Partnerschaften

Eine Ehe oder Partnerschaft ist, wenn diese Gemeinschaft gelingt, ein Lebenskonzept mit Herzensbindung und stolzen Gewinnprognosen. Nichts kann mit ihr konkurrieren, das Modell ist unschlagbar erfolgreich. Zwei Menschen finden zusammen, verbinden ihre Lebenskräfte zu gemeinsamen Zielen. Sie lieben das jeweils Beste aus dem anderen heraus, machen es sichtbar als eine neue Quelle der Kraft. Diese Kraft hat nicht nur in den Einzelleben Strahlkraft, sondern im Verbund der Familie, bei Freunden, Nachbarn und Kollegen. Ganze Unternehmen profitieren davon, dass eine gute Beziehung die Arbeitsanforderungen ausgleicht und Entwicklungsanreize befördert, und in ihrem öffentlichen Auftreten haben Paare, die sich gut verstehen, eine magnetische Anziehungskraft. Es scheint nichts unmöglich zu sein, dadurch weiten sich die Perspektiven des eigenen Lebens beträchtlich aus. Die Liebe auf Dauer ist damit für die Entwicklung der eigenen Potenziale von unschätzbarem Wert.

Viele Umstände allerdings setzen den Partnerschaften in der heutigen Zeit zu und verkürzen ihre Haltbarkeitsdauer – späte Selbstständigkeit, überzogene Erwartungen, weite Entfernungen und schlecht kalkulierbare Arbeitszeiten, Angst vor Verantwortung und Alltagsroutine.

Es ist wichtig, sich Zeit zu nehmen, über die Qualität der eigenen Beziehung nachzudenken und immer wieder zu investieren in die Liebe, die Gemeinsamkeit und in größere Zukunftsprojekte. Wenn es eine Sicherheit gibt für die Liebe, dann die, aufmerksam zu spüren, wenn sie in Not gerät und nichts unversucht zu lassen, um sie zu retten. Wer die Verantwortung beim anderen sucht oder glaubt, die Dinge werden sich von allein regeln, wird schnell eines Besseren belehrt. Fragen zur Partnerschaft können daher jede Gesprächssituation bereichern und vertiefen, Elterngespräche, Familiengespräche, Einzelgespräche und natürlich auch Personalgespräche und Mitarbeitergespräche. Die Partnerschaft ist ein großes Schwingungsfeld im Leben, das der Aufmerksamkeit und Würdigung bedarf.

Interview

Beginn der Liebe

- Wie habt ihr euch kennengelernt?
- Worin bestand die geheime Anziehungskraft deiner Frau?
- Wie gelang es deinem Mann, dein Herz im Sturm zu erobern?
- Welche Geschichte vom Beginn eurer Liebe darf immer wieder erzählt werden, weil sie so wunderschön (abenteuerlich, einmalig) ist?

Was sind Dinge, die euch anfangs richtig verzaubert haben?

- Welche Schritte seid ihr gegangen, dass aus der Verliebtheit Liebe wurde?
- ... dass aus zwei verliebten Menschen ein Paar auf Dauer wurde?

Entscheidung füreinander

- Was war eure erste Entscheidung, an der man sehen konnte, dass ihr es ernst meint?

Woran haben andere spüren können, dass ihr ein Paar mit Zukunft seid?

- Mit welcher gemeinsamen Entscheidung habt ihr alle zum Staunen gebracht?
- Wo war euer erstes Zuhause als Paar?
- Woran denkt ihr gern zurück?
- Was waren wunderbare Stunden, die ihr dort miteinander verbracht habt?
- Wie haben eure Familien zueinandergefunden?
- An welche Momente beim Kennenlernen eurer Familien denkt ihr gern zurück?
  Wie bist du von den Eltern deines Mannes in der Familie aufgenommen worden?
- Wann haben sich die Familien das erste Mal getroffen und welcher Kontakt hat sich daraus entwickelt?

Gemeinsame Lebensaufgaben

- Mit welchen Ideen seid ihr in euer gemeinsames Leben gestartet?

Wie habt ihr euch gegenseitig beflügelt?

- Wo wart ihr euch von vornherein einig?
- Welche Pläne haben eure ersten gemeinsamen Jahre begleitet?
- Was habt ihr als Erstes umgesetzt?
- Was habt ihr verblüffend schnell umgesetzt?
- Was ist euer gemeinsames Meisterstück?
- In den Umfragen liegen die Kinderwünsche der meisten Paare deutlich über 2. Mit welchen Wünschen seid ihr ins Rennen gegangen?
- Wie hat sich euer Kinderwunsch danach weiterentwickelt?
- Was war eine günstige Fügung für euch?
- Was war ein großes Hindernis für euch?

Was war der magischste Moment, als ihr beide Eltern eines wunderhübschen Babys wurdet?

- Welche neuen Stärken hat dieses Glücksgefühl in euch mobilisiert?
- Welche Erfahrungen haben eure Partnerschaft gefestigt und gestärkt?
- Was sagen andere, was euch richtig gut gelungen ist?
- Auf welche (drei) Dinge, die ihr gemeinsam bewegt habt, schaut ihr mit Stolz und Freude zurück?

- Was war die größte Aufgabe, die ihr in Angriff genommen habt?
- Was war das Schwierigste daran? Wie seid ihr daran gewachsen?
- Viele Paare scheitern, wenn das Leben vorübergehend seinen Glanz verliert und sich traurig oder schwer anfühlt. Wie seid ihr mit solchen Phasen umgegangen?
- Welche Verlässlichkeit im Miteinander hat sich dort gezeigt?

Wie seid ihr miteinander im Gespräch geblieben?

- Was hat eure Zuversicht genährt?
- Wofür hat sich die Ausdauer gelohnt?
- Es ist schade, dass man 25 Jahre auf eine Festzeitung der Gäste warten muss, in der man nachlesen kann, was man gemeinsam erlebt und vollbracht hat. Deshalb möchten wir euch schon vorher fragen, was eure Freunde über euch schreiben würden, wenn es um eure Erfolge geht?
- Wenn du in die Gedankenwelt deiner Frau hineinschaust, worauf ist sie besonders stolz, was ihr beide miteinander geschaffen habt?
- Was ist für deinen Mann im Rückblick auf eure gemeinsamen Jahre eine große Sache, die ihm mit dir gelungen ist?
- Welches Projekt fordert im Moment eure Ausdauer?
- Welches gemeinsame Ziel verfolgt ihr gerade?
- Was sind Erfolge/Erfahrungen, auf die ihr aufbauen könnt?

- Welche Lebensaufgabe wollt ihr auf jeden Fall noch gemeinsam in Angriff nehmen?
- Was hält euch jung?
- Welche Gedanken lassen euch nicht los, ehe sie nicht umgesetzt sind?
- Was ist euer geheimer Plan?

Gegenseitige Unterstützung und Teamwork

- Woran erkennt man, dass ihr ein gutes Team seid?
- Wenn du die letzten drei Monate betrachtest, wobei hat dich dein Mann/deine Frau besonders unterstützt?
- Welches kleine Dankeschön verdient dein Mann/deine Frau für die bleibende Unterstützung im Alltag?
- Zu wie viel Prozent funktioniert eure Abstimmung im Alltag richtig gut? Wie schafft ihr das?
- Welches sind die besten Gelegenheiten für euch, wichtige Dinge unter der Woche zu besprechen?

In welchen Dingen arbeitet ihr sozusagen Hand in Hand?

- Worin erlebst du deine/n Partner/in besonders zuverlässig?

Gemeinsamkeit und Nähe

- An welchem Platz zu Hause erwischt man euch sehr oft in guter Stimmung?
- Was ist euer Gute-Laune-Rezept?
- Welche Unternehmungen stehen für deinen Mann in puncto Gemeinsamkeit unter den Top 3?

- Was ist euer Geheimnis für ein gutes Miteinander?
- Wenn ihr euch mal voneinander entfernt habt, was hilft bei der Wiederannäherung?
- Wer geht auf wen zu? Was schlägst du vor, um einander wieder näherzukommen?
- Welche Form von Nähe ist für dich genau die richtige?

Wann ging zuletzt kein Papierblättchen zwischen euch, so nah wart ihr euch?

- Was war die größte Entfernung zwischen euch, die ihr erlebt habt? Wie habt ihr gerade in dieser Zeit für eure innere Nähe gesorgt?
- Welches ist definitiv euer Lieblingsfoto als Paar? In welcher Situation wurde es geschossen?
- Auf welchem Foto sieht man, dass ihr beide auf ewig zusammengehört?
- Welches ist das Mega-Event eurer Paargeschichte?
- Was habt ihr Wunderbares miteinander erlebt?
- Welches schöne gemeinsame Erlebnis aus den letzten Wochen strahlt euch immer noch an?

Freiräume für persönliche Entwicklung

- Paare glauben an Dinge bei ihrem Partner/ihrer Partnerin, die er/sie selbst nicht für möglich hält. Welche Talente hast du bei deinem/r Liebsten entdeckt? Wie hast du ihm/ihr geholfen, dieses Talent zu entwickeln?
- In welches berufliche oder persönliche Ziel deines Partners/deiner Partnerin hast du richtig viel investiert, weil du davon überzeugt warst?
- Wie haben sich die Dinge entwickelt?

Welche eigenen Wege habt ihr euch erlaubt?

- Wie habt ihr einander mit Wohlwollen und Toleranz begleitet?
- Welchen eigenen Weg hast du dir hart erkämpft?
- Wie hast du deine/n Liebste/n überzeugt, dass du das Richtige tust?
- Welches Opfer hast du gebracht, damit sich dein Liebster/deine Liebste einen Traum erfüllen kann?
- Welchen Freiraum brauchst du regelmäßig für dich selbst?
- Wie organisiert ihr das?
- Wofür nutzt du den Freiraum besonders? Was bewirkt das?
- Auf welche ganz und gar eigene Leistung deines Partners bist du besonders stolz?

Liebe im Alltag

- Welche kleinen Liebesbeweise verschenkst du immer wieder mitten im Alltag?
- Wie findet ihr immer wieder Zeit füreinander?
- Was ist eure Art, Zärtlichkeit alltagstauglich zu machen?
- Was war ein Zeichen von Aufmerksamkeit für dich von deiner Frau in den letzten beiden Wochen?
- Was sind Dinge, die euch auch in stressigen Zeiten miteinander verbinden?

Woran erkennen eure Kinder, dass eure Liebe ein Dauerbrenner ist?

- Welche kleine Alltagsgeste in der Liebe ist für dich unverzichtbar?

- Welches kleine Verwöhnprogramm passt auch in den Alltag?

Gemeinsame Krisenbewältigung

- Was war für euch eine schwierige Phase in der Partnerschaft?
- Worin bestand die Herausforderung?
- Was genau hat große Anstrengung gekostet?
- Was hat dein Mann getan, um die Liebe zu retten? Welche Anstrengungen von deiner Seite haben viel bewirkt?
- Auf welche Erfahrungen/Stärken könnt ihr zurückgreifen, wenn es um Veränderungswillen und Kampfgeist geht?
- Wie viele Tunnel habt ihr als Paar schon durchquert? Was hat euch Kraft und Ausdauer verliehen?
- Wie passt ihr gut aufeinander auf?
- Wenn ihr euch gestritten habt, wie findet ihr wieder zueinander?
- Wie gelingt es euch, auch strittige Dinge miteinander zu klären?

Wie schafft ihr es, fair miteinander umzugehen?

- Was habt ihr innerhalb eurer letzten Auseinandersetzung miteinander klären können? Was war ein gutes/wichtiges Ergebnis?
- Welchen Tipp für ein gelingendes Fair Play habt ihr für andere Paare?

Interview zum letzten Jahr

Eine Paarbeziehung lebt von Kommunikation und Austausch in jeder Form.

Nur wenn genügend Wertschätzung ausgetauscht wird, können auch Dissonanzen und Missverständnisse gut toleriert und Kritisches angemerkt werden. Die liebevolle und wertschätzende Kommunikation muss schon deshalb überwiegen, weil wir uns das weniger Liebevolle dank unserer angeborenen Aufmerksamkeit für Probleme leider viel besser merken. Abgesehen davon, wird das bereits Erreichte häufig nur abgehakt, anstatt ein bisschen zu genießen, was mit viel Mühe und Engagement erreicht wurde.

Ein wenig mehr zu feiern könnte auch nicht schaden, nicht wahr?

Weiterhin wissen Paare oft wenig über ihren gemeinsamen Prozess des Vorwärtsgehens, sie sehen zu wenig, wie sie sich Ziele setzen, sich abstimmen und zusammen in die gleiche Richtung gehen.

Daher ist es sehr hilfreich, wenn innerhalb der Therapie oder Beratung öfter zu bilanzierenden Überlegungen eingeladen wird, die in einem gegenseitigen Dankeschön, einer lieben Geste oder einem Liebesbrief münden.

Gern lade ich Sie beide ein, mit mir gemeinsam einen Blick in das zurückliegende Jahr Ihrer Partnerschaft zu werfen, um genauer sehen zu können, was Sie bewegt und was Sie beide gemeinsam auch bewegt haben.

- Sicherlich gab es Situationen, die Sie miteinander genießen konnten, ebenso wie Situationen, die Sie beide sehr gefordert haben. Wenn Sie sich erinnern, welcher

Genussmoment erzählt etwas über das gute Miteinander im letzten Jahr?

- Welche Herausforderung stand eher unerwartet vor Ihnen und forderte Ihren Einsatz? Wie haben Sie Ihr Miteinander in dieser Anstrengung erlebt? Worin konnten Sie sich gut abstimmen? Womit hatten Sie Schwierigkeiten?
- Welche Aufgaben haben Sie in Angriff genommen? Welche Aufgabe oder auch Aufgaben waren der Hauptakt des vergangenen Jahres?
- Was konnten Sie erledigen? Was konnten Sie mit einem dicken Haken versehen?
- Wenn Sie so zurückschauen, in welche Dinge ist viel von Ihrer Lebenskraft geflossen? Wohinein haben Sie Kraft und Anstrengung investiert?
- Welche Projekte aus den vergangenen Jahren konnten Sie im letzten Jahr abschließen/maßgeblich voranbringen?
- Welche lang gehegten Ideen haben Sie in die Tat umgesetzt?
- Wie zufrieden sind Sie mit dem Erreichten? Womit sind Sie besonders zufrieden?
- Welche Sorgen haben das zurückliegende Jahr durchzogen?
- Was hat Sie innerlich beschäftigt?
- Was ist Ihr Eindruck, was Ihre Frau innerlich öfter mit Sorge erfüllt?
- Was ist Ihr Eindruck, was Ihren Mann innerlich öfter mit Sorge erfüllt?
- Wie haben Sie sich über diese inneren Dinge ausgetauscht?

- Welche Ideen sind aus diesen Sorgen hervorgegangen?
- Was kann helfen, die Sorgen hinter sich zu lassen?
- Was muss passieren, um die Sorgen hinter sich zu lassen?
- Wo war Ihre Standfestigkeit gefragt?

Wobei haben Sie Seite an Seite gestanden, um etwas durchzukämpfen?

- Wo konnten Sie sich aufeinander verlassen?
- Was gehört definitiv zu den Erfolgen des letzten Jahres?
- Was ist pokalverdächtig?
- An welchen gemeinsamen Erfolgsmoment erinnern Sie sich besonders gerne, weil er Sie glücklich gemacht hat?
- Mitten im Lauf so eines Jahres mit vielen Aufgaben und Anstrengungen findet jedes Paar auch seine besonderen Glücksmomente.
  Welche Momente voller Glück zu zweit konnten Sie genießen?
- Natürlich gibt es auch Momente großer äußerer oder auch innerer Entfernung. Wer immer sie zuerst spürt, weiß: das schmerzt.
  Wie ist es Ihnen gelungen, diese Situationen von Distanz oder Entfernung voneinander zu überwinden und wieder aufeinander zuzugehen?

Was war so ein Herzensmoment, in dem Sie sich nach größerer Distanz wieder in die Arme nehmen konnten?

- Jeder von Ihnen beiden hat auch sein eigenes Leben, seinen eigenen Weg. Welche Dinge haben Sie für sich in Angriff genommen? Was haben Sie für sich auf den Weg gebracht? Was war Ihnen in Ihrer eigenen Entwicklung wichtig?
- Welche beruflichen Leistungen Ihres/r Partners/in sind aus Ihrer Sicht sehr anerkennenswert? Was bewundern Sie an ihm/ihr? Welcher Einsatz verdient Ihren Respekt?
- Wenn Sie darauf schauen, was Sie alles für Ihre Kinder getan und ermöglicht haben, auf welche Fortschritte Ihrer Kinder sind Sie besonders stolz?
- Was waren Familienmomente mit Ihren Kindern, die im Herzen einen festen Platz haben?
- Wofür würden ihre Kinder – wenn sie heute hier bei uns sitzen würden – ganz sicher »Danke« sagen?
- Was haben Freunde mit Ihnen und durch Sie als Paar erlebt? Welche Ideen, Anregungen und Unternehmungen sind durch Sie in die Welt gekommen und haben schlichtweg zum Mitmachen angesteckt?
- Welches Motto würden Ihre Freunde dem zurückliegenden Jahr Ihrer Partnerschaft geben?

Was mögen Ihre Freunde ganz besonders gern an Ihnen als Paar?

- Was würden uns Ihre Eltern erzählen, wie Sie den Kontakt zur Familie liebevoll gestalten? Wofür würden Ihnen Ihre Eltern, gerade was das letzte Jahr angeht, ein Kompliment machen?
- Was erleben Sie persönlich als gewinnbringend im Miteinander innerhalb Ihrer ganzen Familie?

- Welchen Platz hatte die Liebe im letzten Jahr?
- Wo ist es Ihnen geglückt, ein gutes Plätzchen für die Liebe zu finden?
- Was wissen Sie aus Ihrer Erfahrung, was eine gute Entscheidung für die Liebe ist?
- Wenn die Liebe zu kurz kam, was wollen Sie ändern?
- Welche Feier war für Sie ein wirkliches Highlight des Jahres?
- Was gab es zu feiern?
- Was hat Ihnen dabei gutgetan, was hat Ihnen gefallen?

9 Erotik und Sexualität

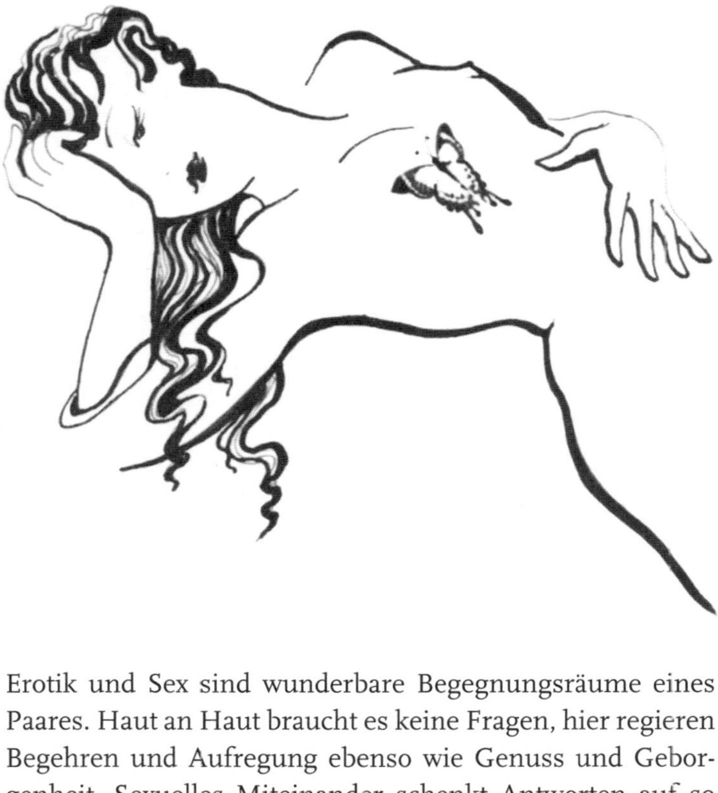

Erotik und Sex sind wunderbare Begegnungsräume eines Paares. Haut an Haut braucht es keine Fragen, hier regieren Begehren und Aufregung ebenso wie Genuss und Geborgenheit. Sexuelles Miteinander schenkt Antworten auf so viele Fragen, die im Inneren immer wieder bohren.

Liebst du mich?
Begehrst du mich?
Berührst du mich gern?
Darf ich dich berühren?
Sind wir nah beieinander?
Kann ich mich bei dir fallen lassen?
Bist du mein/e Vertraute/r?

Diese Fragen bewegen Männer und Frauen gleichermaßen, denn jede sexuelle Vereinigung ist, wenn Liebe im Spiel ist, das Aufgeben der eigenen Grenzen, um mit dem anderen ganz eins zu sein. Nichts ist schöner, erhebender, wunderbarer und nichts ist gefährlicher. Denn sind die Grenzen einmal überschritten, ist man tief aus dem Ich ins Du gewandert, um dort körperlich und seelisch ein Zuhause zu finden. Ist das geschehen, tut alles weh, was uns zwingt, in uns selbst zurückzukehren. Denn dort erwartet uns tief empfundene Einsamkeit. Das Auflösen einer innigen Bindung – und sei sie noch so kurz gewesen – fordert von jeder Zelle den Abschied von äußerer Wärme, Berührung und Stimulation. Daher ist das Schmerzempfinden ganzheitlich und überdeutlich. Tiefer Liebesschmerz ist Seelenschmerz und körperliche Krankheit in einem – kein Ort, der verschont bliebe. Was körperlich gewährt wurde, wird körperlich entbehrt, das ist ebenso hart wie unausweichlich. Ich meine manchmal, es sei eine Art Vorbereitung auf die Zeit, in der der Körper schwächer und die Liebe stärker wird. Aber manchmal ist es auch einfach nur traurig.

Mangelndes Begehren in einer Beziehung zeigt einen Energiemangel in der Liebe, abweisendes Verhalten ritzt Wunden in Körper, Herz und Seele, Zurückgelassen-Werden, gar nachdem wir nackt waren mit Körper und Seele, bringt oft genug die alten Traumata aus der Baby- oder Kleinkindzeit an die Oberfläche, denn sich auf einen anderen einzulassen macht hilflos. So ist das Aufgeben der Selbstbezogenheit, der Selbstkontrolle höchstes Glück, Heilung und pure Energie, und gleichsam nahezu lebensgefährlich, ein Risiko, tief verletzt oder gar in Teilen zerstört zu werden.

Angesichts dieser gewaltigen Dynamiken staune ich immer wieder, wie achtlos Menschen zuweilen mit dieser großen Energie umgehen, wie sie an manchen Stellen verschleudert und an anderen ausgebremst oder ignoriert wird.

Es wäre schön, diese Energie mit ihrer ungestümen Kraft und endlosen Liebe und Zärtlichkeit wieder in die Welt zu holen, ins Leben jedes Paares, ins Innere jeder Seele.

Interview

Wie viel Zeit nehmen Sie sich füreinander, um sich zu küssen, zu streicheln und zu lieben?

- Wie finden Sie beide sich? Wer findet immer wieder schöne Wege zum anderen?
- Wo ist Ihre Spielwiese für ungestörte intime Begegnungen und schönen Sex?
- Was genießen Sie dort am meisten miteinander?
- Was bringt Ihr/e Partner/in in diese Begegnung ein? Was genießen Sie an ihm/ihr?
- Was genießt Ihr/e Partner/in besonders am intimen Zusammensein?
- Wie strahlt dieses Glück in den Alltag hinein?
- Welche Form von Nähe und Zärtlichkeit gelingt Ihnen auch während stressiger Tage und Wochen?

- Wer von Ihnen beiden sorgt öfter mal dafür, dass die Liebe nicht einfach vergessen wird?
- Wie zufrieden sind Sie insgesamt mit der Häufigkeit Ihrer erotischen und sexuellen Begegnungen?
- Womit sind Sie ganz besonders zufrieden und in welchem Bereich wünschen Sie sich eine Veränderung? Welche?
- Wenn Sie seit längerer Zeit keinen Sex hatten, so hatte das sicher Gründe. Welche Gründe, vermuten Sie, hatte Ihr/e Partner/in?
- Welcher Wunsch verbirgt sich dahinter?
- Wenn Sie beide lange keinen Sex hatten, so heißt das nicht, dass gar nichts zwischen Ihnen stattfand. Welche Möglichkeiten haben Sie gefunden, einen Teil Liebe und intimes Miteinander zu erhalten?
- Wenn man dem anderen guttun darf und kann, so bringt einem das selbst Erfüllung.
  Womit verwöhnen Sie Ihren Partner/in gern?
  Was erlebt sie/er als sehr angenehm, als erfüllend, als überaus lustvoll?
- Wenn Ihre Liebste/Ihr Liebster Schwierigkeiten hat, sich hinzugeben, was bieten Sie an, um zärtlich beieinander zu sein?
- Welchen Wunsch haben sie Ihrer Liebsten/Ihrem Liebsten zuletzt erfüllt? Was war für Sie selbst besonders schön dabei?
- Liebe auf Dauer benötigt innige Gedanken an den anderen und eine große Portion schöner Fantasie.
  Welcher Ihrer fantasievollen Wünsche wartet darauf, in Ihrem Liebesspiel lustvoll inszeniert zu werden?

- Was lädt Sie ein, auch nach längeren Pausen oder gar Konflikten Ihre sexuellen Wünsche nicht aufzugeben, sondern gerade dann daran zu glauben, dass Sie beide die Liebe neu entdecken können?
- Wie zeigen Sie ganz und gar liebevoll Ihren großen Appetit auf Ihren Liebsten/Ihre Liebste?

Was macht Ihre Liebste/Ihren Liebsten für Sie geheimnisvoll?

- Welche Einladung wird von ihm/von ihr immer wieder zärtlich erwidert?
- Was glauben Sie, welcher Wunsch steht bei Ihrer Liebsten/Ihrem Liebsten ganz vorn? Was macht sie/ihn so glücklich bei diesem Gedanken?
- Wie gibt Ihnen Ihre Liebste/Ihr Liebster das Gefühl, unendlich verwöhnt zu werden? Wie wirken diese Liebesgeschenke in Ihr Zusammenleben hinein?
- Welcher Moment in Ihrer Erinnerung zeigt Ihnen das tiefe Vertrauen, das zwischen Ihnen beiden herrscht?

Welche Begegnung zwischen Ihnen war voller Hingabe, sodass kein Zweifel besteht, dass Sie sehr Großes, Tiefes miteinander erleben können?

- Humor, Albereien und kleine verrückte Ideen braucht die Liebe, um ihre Frische nicht zu verlieren. Was haben Sie beide zuletzt getan, was Ihnen verdammt viel Spaß gemacht hat?
- Was war das Verrückteste, das Ihnen je eingefallen ist?
- Was haben Sie je aus einer spontanen Laune heraus getan, was zu einem tollen erotischen Erlebnis geführt hat?

- Wenn Sie sich vorerst noch nicht gleich in die prickelnde Aufregung miteinander stürzen, aber schon ein kleines Abenteuer planen, wo führt es Sie hin?

Wie können Sie dafür sorgen, dass Sie sich mehr Unerlaubtes erlauben?

- Was sind Ihre drei Tipps für andere Paare, damit Sex aufregend bleibt und wunderbar zärtliche Begegnungen gelingen?
- Was raten Sie anderen Paaren Ihres Alters, wie die Lust aufeinander jung bleibt?
- Was wünscht sich Ihr Körper, wenn er Lust erleben möchte?
- Was ist eine alte Sehnsucht, die sich Ihr Körper noch gern erfüllen möchte?
- Welche sinnliche Begegnung neuer Art wartet auf Sie beide?
- Intimität auf Dauer steht in engem Zusammenhang mit tiefem inneren Vertrauen.
  Woran spüren Sie, dass Ihnen Ihre Liebste/Ihr Liebster vertraut?
- Wie schaffen Sie es, behutsam mit ihrem/seinem Vertrauen umzugehen?
- Wie können Sie dieses Vertrauen weiter stärken?
- Wie können Sie sich dafür in Zukunft mehr Zeit nehmen?
- Was wird die Belohnung sein?

10 Lebensrezepte, Erfolge und Bilanzen

Es ist nicht ganz leicht zu erfahren, was unter den gelingenden Dingen des alltäglichen Lebens für Ideen, Überzeugungen, Werte und Lebensrezepte pulsieren. Die Hirn- und Gedächtnisforscher haben inzwischen in vielen Experimenten bewiesen, dass wir auf ein ganzheitliches Erfahrungswissen zurückgreifen in unseren Handlungen und Entscheidungen. Wo aber lagert dieses Wissen? Wahrscheinlich ist es eher ein Netzwerk, eine Form aktiver Bibliothek oder miteinander verknüpfter Festplatten und Programme, das uns in Sekundenschnelle Zugriff ermöglicht, etwas zu mögen oder auch nicht, auf jemanden zuzugehen oder auch nicht, eine Idee »cool« zu finden oder eben nicht. Im Laufe des Lebens versuchen wir, aus diesem Wissen unseren eigenen Lebensweg zu (er)finden, eine Geschichte zu schreiben, die wir als »unsere« Geschichte verstehen. Dieser Geschichte werden nicht nur neue Kapitel hinzugefügt, nein, sie wird immer wieder neu geschrieben. Manches natürlich wird mitgenommen, anderes weggelassen, wieder anderes überschrieben, also anders erzählt. Mit diesen Erzählungen verarbeiten wir Dinge, schauen sie immer wieder einmal an und verstehen sie dadurch besser. Darin verbirgt sich die große Chance, das Leben als Prozess wahrzunehmen, als Auf und Ab, als Werden und Vergehen und damit zu verstehen, dass unser Dasein mehr ein Wirken an den Dingen ist als ein Erleben von (vorübergehendem) Glück und (vorübergehendem) Leid. Nicht die Erlebnisse sind es, die wir aneinanderreihen wie die Perlen einer Kette, sondern unser Handeln darin, das Dabeisein, das Miteinander und das, was wir bewirken bei anderen, bei uns und auf der Welt.

Man könnte sagen, es geht um *erfolg*reiches Handeln oder darum, *sich handelnd zu erleben* – und das ist *Erfolg*. Erfolg wiederum ist eine Beschreibung, die uns einlädt, sie immer wieder fassbar zu machen für unsere gegenwärtige Lebenssituation. Nichts ist so wenig definierbar wie Erfolg! Materieller Wohlstand wie in unseren Breiten gern angenommen, taugt wenig zum Erfolgsgefühl, wenn man ihn ohne Anstrengung

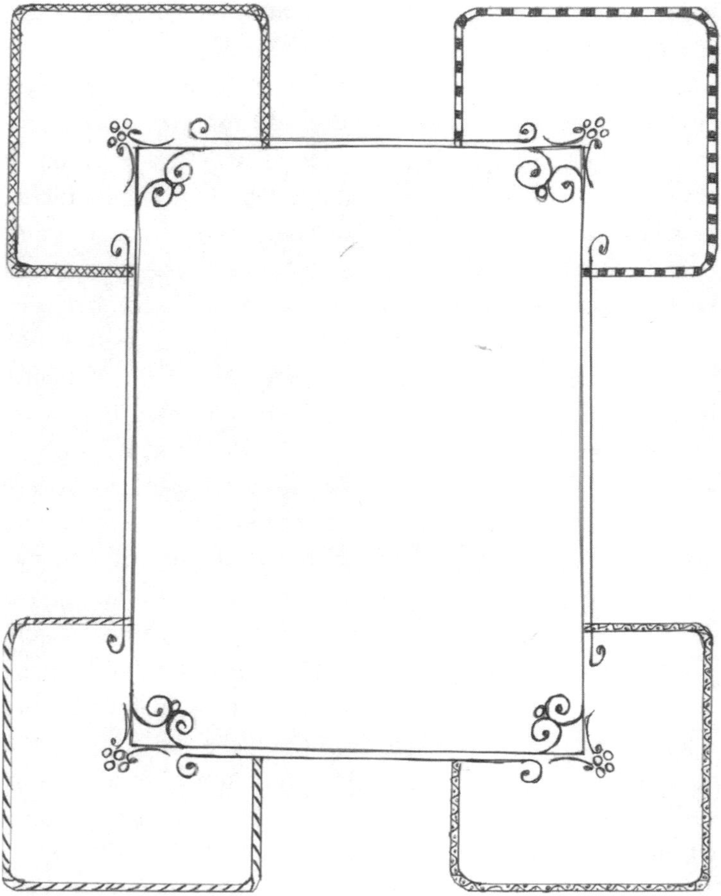

Bilderrahmen für Ihr Erfolgsportrait

oder gar auf Kosten anderer erreicht hat. Vielmehr ist Erfolg oft ein Ergebnis unserer langen Bemühungen, unseres Einsatzes, es ist ein kurzer Moment, in dem sich einstellt, wonach wir strebten – ein Moment auf dem Treppchen. Tiefer betrachtet ist Erfolg kein Moment, sondern der Prozess, der Weg, der rote Faden, der Kompass im Leben – etwas, wonach wir uns (aus)richten, was uns führt von einer Aufgabe zur anderen ... und darunter liegt die Frage, worin wir Erfüllung finden und was das ist, »ein erfülltes Leben«.

So kann auch ein »Erfolgsinterview« nur eine Annäherung bieten an diese grundlegende Lebensdynamik. Es ist der Versuch, den Erfolg als Weg zu sehen, als Mitglied einer Gemeinschaft etwas fortzusetzen, das Leben in seinem Prozess selbst zu gestalten und aktiv zu bleiben und damit erfolgreich. In der bebilderten Symbolsprache finden sich immer Hinweise auf das tiefer liegende Ganze, auf das, was einem Menschen selbst wertvoll, erstrebenswert, tief und glänzend erscheint. Die Einladung zu einer Verbindung zwischen Person und Symbolen ist daher ebenso ungewöhnlich wie geheimnisvoll und zauberhaft. Folgen Sie mir!

Interview

- Es wird ein Gemälde von dir in Auftrag gegeben, auf dem du als erfolgreiche Frau/erfolgreicher Mann dargestellt wirst. Welche Haltung wählst du?
- Woran sieht der Betrachter, dass du den Erfolg genießt?
- Der Rahmen des Gemäldes wird mit 4 Symbolen deines Erfolgs geschmückt. Welche wählst du aus?
- ... und welchen Titel bekommt das Gemälde?
- Wenn du mit mir ganz weit zurückgehst zu den Wurzeln deines Erfolgs, welches sind deine Wurzeln?

- Wenn du zurückschaust auf deinen Lebensweg, wann hast du begonnen dich sich selbst als erfolgreich zu beschreiben?
- Gab es eher Erfolgsphasen oder Erfolgsmomente?
- An welche erinnerst du dich sehr gern?

Wer war der erste Gratulant auf deinem Erfolgsweg?

- Wer waren Gratulanten auf deinem Erfolgsweg?
- Wer waren die Menschen, die dich immer wieder inspirierten und förderten?
- Wie hast du von ihnen gelernt? Wie hast du von ihrem Einsatz profitiert? Was hat dir richtig gutgetan?
- Welche besonderen Fähigkeiten und Kompetenzen hast du selbst in dir gefunden, die dir halfen, erfolgreich zu sein?

Was war und ist dein Motor?

- Was treibt dich an?
- Was macht dir immer wieder aufs Neue Freude?
- Welches Ereignis führt die Hitliste deiner Erfolge an?
- Welche sind auf Platz 2 und 3?
- Worüber freust du dich im Rückblick am meisten?
- Wie ist es dir gelungen, diese Erfolge zu erreichen?
- Wer sind die Mitstreiter deiner Erfolge?
- Welche Unterstützung hattest du? Was war daran besonders wertvoll?
- Wem möchtest du von Herzen »Danke« sagen?
- Welche Hürden hast du genommen?
- Bist du zwischendurch mal gestrauchelt? Wie bist du wieder auf die Beine gekommen und hast deinen Lauf fortgesetzt?

- Wenn es Rückschläge gab, wie hast du sie überwunden?
- Was hast du dabei über dich selbst und andere gelernt?
- Wenn du einen Erfolgsratgeber für junge Menschen schreiben würdest, welche drei wichtigen Ideen oder Erfahrungen willst du ihnen vermitteln?
- Worauf richtet sich gegenwärtig dein Hauptinteresse?
- Welches Thema, welche Frage, welche Sache fordert deine innere Aufmerksamkeit?
- Wonach suchst du gerade jetzt besonders im Leben?
- Welches ist die nachhaltigste Erfahrung, die du gerade jetzt im Leben machst?
- Was macht dich dabei glücklich?

Was sind deine Lieblingsideen, wenn du an deine Zukunft denkst?

- Wo möchtest du deine Lebenskraft noch investieren?

Was ist Erfolg?

Am Anfang unseres Lebens ist Erfolg, auf eigenen Beinen zu stehen. Später kämpfen wir um gute Noten, Prüfungsergebnisse und Pokale. Erfolg ist ein Job, der Spaß macht, ein Studienplatz oder ein Ja zum ersten Rendezvous. Erfolg ist, ein altes Haus eigenhändig zu renovieren, aus Verliebtheit eine feste Verbindung zu machen und sich im Ausland in Landessprache unterhalten zu können. Erfolg ist, den Kindern eine gute Ausbildung zu finanzieren und nach einer Krankheit den Wiedereinstieg in den Beruf zu schaffen.

Erfolg ist mit 16 Jahren etwas ganz anderes als mit 46 oder mit 66.

Beispiel einer 47-jährigen Patientin

Gönn dir einen Blick auf den Wandel deiner Ideen von Erfolg im Laufe Deines Lebens

- Wie beschreibst du deine Sicht auf Erfolg vor 10 Jahren?
- Was waren deine Ziele? Was war für dich wichtig?
- Was beschreibst du als deine gegenwärtigen Lebenserfolge?
- Was hast du erreicht? Worüber freust du dich von Herzen?
- Wofür strengst du dich momentan an?
- Was wird Erfolg für dich in 10 Jahren bedeuten?
- Was steht dann ganz und gar im Mittelpunkt?

Bilanzen

Die folgenden Fragen eigenen sich hervorragend für eine persönliche Bilanzrunde am Jahresende, für gute Jahresendstimmung bei Patienten und Klienten und für Ergebnisrunden mit Gruppen und Teams, um das Jahr erfolgreich ausklingen zu lassen.

- Welche für dich wichtigen Lebensziele hast du mit Kraft und Einsatz in diesem Jahr erreicht?
- Welche Themen haben sich wie ein roter Faden in diesem Jahr durch dein Leben gezogen?
- Welchen Titel schenkst du dir und dem Jahr?
- Angenommen wir steuern rückblickend mit dir und deinem Boot quer durch das Jahr, wo hast du Inseln der Zufriedenheit gefunden?
- Wer hat dich dorthin begleitet?

Wenn ich dich einfach einlade, dein Leben in diesem Jahr wie durch einen Sonnenstrahl zu betrachten, welche drei hellen, leuchtenden Momente strahlen dir spontan entgegen?

- Wonach hatte deine Seele in diesem Jahr Sehnsucht? Wie hast du deine Sehnsucht gestillt?
- Welches Kapitel dieses Jahres würde den Titel »Liebeszauber« bekommen? Wer hat für dich gezaubert? Was war einfach zauberhaft?
- An welche Momente großer Freiheit deines Sommers erinnerst du dich gern?
- Wann gab es so etwas wie ein »Barfuß-Feeling« in diesem Jahr? Was hast du erlebt und genossen?
- Was wird mir dein/e Partner/in (dein/e Freundin/Freund) erzählen, was du in diesem Jahr in deinen Kompetenz-Rucksack gepackt hast?
- Wir alle sammeln schöne Bilder und Eindrücke. Welche schönen Bilder von gelungener Gemeinsamkeit hast du jemandem, den du sehr liebst, in diesem Jahr geschenkt?
- Welches Ziel hast du das ganze Jahr hindurch verfolgt? Was ist das Ergebnis, das dich zufrieden stimmt?
- Wer hat in dir Begeisterung für eine bestimmte Sache entfacht? Wie geht es damit weiter?
- Was war die »Durststrecke des Jahres«? Wie hast du dich erfolgreich über diese »Durststrecke« gebracht? ... und wie hast du dich am Ende dafür belohnt?

In welchen Momenten mit deinem/r Liebsten fühltest du dich in diesem Jahr so richtig beschenkt?

- Wenn du an wichtige berufliche Herausforderungen dieses Jahres denkst, wofür hättest du definitiv einen Pokal verdient?
- Wann hast du in diesem Jahr eine besondere Zeit der Fülle erlebt?
- Wann bist du in diesem Jahr lachend und leicht, fast so wie ein Teenager, durch die Gegend gezogen?
- Welche Begegnung verdient den Titel »Begegnung des Jahres«?
- Was hat dich sehr beeindruckt?
- Wer in deinem Umfeld konnte dir gerade in diesem Jahr wertvolle Impulse geben, dass deine Flügel noch stärker werden und du dir mehr zutraust?
- Wer und was hat dir in diesem Jahr starke Wurzeln gegeben?
- Wem bist du besonders dankbar? Wie formulierst du dein Dankeschön?
- Welche Ideen in diesem Jahr waren einfach nur grandios?
- Was hat deinen Liebsten/deine Liebste in diesem Jahr richtig aufblühen lassen?
- Was hat dich besonders aufblühen lassen?
- Womit hast du dein Team bereichert? Was erzählen deine Kollegen/innen, was du Gutes eingebracht hast?

Was war der blödeste Fehler in diesem Jahr?

- Was hast du daraus definitiv gelernt?
- Wofür hast du am meisten Geld ausgegeben?
- Was erzählst du deinen Kritikern, warum das genau richtig war?

- Was war die längste Reise des Jahres?
- Was notierst du als schöne Reiseerfahrung?
- Welcher Eintrag steht im Lebensbuch des Jahres auf Platz 1? Was macht diese Sache großartig?
- Über welche Dummheit des Jahres kannst du heute lachen?

11 Enttäuschungen – Verlassensein – Seelenschmerz

Viele Menschen haben ihre Not damit zu verstehen, dass es sich bei diesen traurigen und bitteren Erfahrungen nicht um individuelles Unglück oder Pech handelt, sondern um grundlegende Lebenserfahrungen von besonderem Wert.

Worin soll der Wert denn liegen, wenn ich spüre, wie mich solche tiefen Gefühle in meinem Leben, insbesondere in meinem Lebensglück, behindern?

Der Wert liegt in der Korrektur des eigenen Weges.

Enttäuschungen und Seelenschmerzen zeigen uns überdeutlich an, dass wir eine Kurskorrektur veranlassen müssen. Die Frage nach dem Warum hingegen lädt uns ein, beim Unglück zu verweilen und uns benachteiligt zu fühlen. Von wem benachteiligt? Vom Schicksal? Manch einer der Unglücklichen hat viel vom Schicksal bekommen, z. B. Talent, sieht es aber nicht, noch weniger die Chancen, die sich damit verbinden, wenn man sich auf den Weg macht. Viele beschäftigen sich gleichsam mit der Suche nach Verantwortlichen und Ausgleich. Das ist zum Verstehen der eigenen Geschichte durchaus von Wert, doch oft gestalten sich die Dinge zäh, der Ausgleich lässt auf sich warten und derweil verfließt wertvolle Lebenszeit.

Daher ist es von allergrößtem Nutzen, diesen Korridor von Trauer und Verzweiflung alsbald wieder zu verlassen und die Türen zu öffnen für ein neues Leben. Solange man aber durch die dunklen Flure wandelt, ist ein Begleiter voller Verständnis und Herzenswärme von tief greifender Bedeutung. Das Selbstverständnis in Krisenzeiten ist besonders groß. Die Psyche hat »verstanden«, dass das bisherige Ich nicht auf die gleiche Weise weiteragieren kann, dass es bereits im Begriff ist, sich durch empfundenen Schmerz zu korrigieren und in seinem Selbstausdruck zu wachsen. Ein Panzer der Abwehr ist nicht das Ziel, vielmehr benötigt diese Empfindsamkeit, diese Betroffenheit Raum, um daraus neue Impulse zu entwickeln, wie man zukünftig solchen Erfahrungen begegnen kann. Durch Leid kann sich ein tief greifender Reifungsprozess vollziehen, der uns eine Stärke schenkt, über die wir vorher nicht verfügten. Es geht also darum, die Empfindsamkeit zu erhalten und einen Zuwachs an Stärke und Zuversicht zu erzielen.

Interview

- Wir Menschen verbinden mit Beziehungen viel Lebensglück. Das ist richtig, aber manchmal sind Beziehungen eben auch mit Enttäuschung, Unglücklichsein und tiefem Seelenschmerz verbunden.
  Welche Enttäuschung hat dich lange nicht verlassen?
- Was genau hat dich geschmerzt?
- Wie bist du nach außen mit diesem Schmerz umgegangen?
- Welche Gefühle haben dich im Inneren bewegt?
- Wie hast du dich mit diesem schmerzenden Teil verständigt?
- Wie hast du ihn gut versorgt?
- Wer hat dir geholfen, die Situation, den anderen und dich selbst besser zu verstehen?
- Was hat dir derjenige angeboten, was dir sehr gutgetan hat?
- Was hat auf dein Herz eine beruhigende Wirkung gehabt?
- Was war dein bestes Trostmittel jenseits von Schokolade?
- Wann hast du eine Kurskorrektur vorgenommen?
- In welche Richtung hat dich dein eigener Weg geführt?
- Worauf hast du deine Aufmerksamkeit gerichtet?
- Wie hast du Platz gemacht im Inneren?
- Wie hast du etwas Neuem deine Tür geöffnet?

Welche Beziehung steht für dich für großes Glück und großes Unglück zugleich?

- Welche Geschichte gehört dazu?
- Wie erklärst du dir den Wandel?
- Welche Regeln wurden außer Kraft gesetzt?
- Welche Verabredungen verloren ihre Gültigkeit?
- Was hast du getan, um die Beziehung zu retten?
- Was hat ein gutes Stück genützt?
- Wer hat Entscheidungen getroffen? Was haben sie bewirkt?
- Wer hat Geduld gezeigt? Wo hat sie genützt?
- Enttäuschungen hinterlassen Narben. Zum einen sind es Zeichen eines alten Schmerzes, zum anderen sind es Symbole der Heilung. Welche Enttäuschung in deinem Leben ist gut verheilt?
- Was hat dazu beigetragen?
- Wer hat dazu beigetragen?
- Wie viel Zeit hat es gebraucht?
- Wie schaust du heute auf diese Zeit?
- Was hast du über dich und das Leben gelernt?
- Welchen Wert hat diese tief greifende Erfahrung heute für dich?
- Was kannst du heute sehr viel besser verstehen?
- Welchen Blick hast du heute auf den Menschen, der dich damals so enttäuscht hat?
- Was kannst du ihm verzeihen?
- Wofür kannst du dich dankbar zeigen?
- Was findest du an deinem eigenen Handeln heute noch bemerkenswert?
- Was hast du da wirklich geleistet?

Wie bist du ein wenig nachsichtiger und verständnisvoller dir selbst gegenüber geworden?

- Welche wichtige Lebensweisheit hast du diesem Kapitel deines Lebens zu verdanken?
- Wenn es heute noch schmerzt, welche Frage ist offengeblieben?
- Was kannst du dir anbieten, um diese Frage zu beantworten?

Erste Hilfe bei Enttäuschungen

Wenn du sagst, das war eine große Enttäuschung, dann ist für dich etwas offengeblieben.

Das Offengebliebene

- Was ist für dich offengeblieben?
- Was hättest du dir gewünscht?
- Was ist für dich unerfüllt geblieben, woraus ein Gefühl der Enttäuschung erwächst?
- Wie kannst du die Gefühle, die hier offengeblieben sind, auf andere Weise/auf deine eigene Weise erfüllen?

Die Enttäuschung verabschieden

- Wie kannst du diese Enttäuschung aus deinem Leben verabschieden?
- Welche Möglichkeiten siehst du, dich nach einer längeren Zeit von ärgerlichen Gefühlen, von der Enttäuschung zu verabschieden?

Neu beginnen

- Was stimmt dich am besten darauf ein, nun etwas Neues zu beginnen?
- Was kann dir helfen, dich ganz und gar auf das zu konzentrieren, was dich jetzt voranbringen kann – was jetzt deine ganze Aufmerksamkeit braucht?
- Was können wir gemeinsam tun, um deine Zuversicht zu stärken, dass ein Neustart sich lohnt und schöne Chancen auf dich warten?

Verlassen werden

- Verlassen zu werden gehört für viele Menschen zu den schlimmen Katastrophen des Lebens. Selbst wenn man es innerlich bereits spüren konnte, in dem Moment, in dem es passiert, ist es plötzlich und unerwartet. Wie war dein Erleben?
- Wie hast du reagiert?
- Wie konntest du dir selbst zur Seite stehen?
- Wie konntest du dir selbst ein guter Freund/eine gute Freundin sein?
- Wie konntest du dich beruhigen?
- Welcher gute Freund/gute Freundin stand dir bei?
- Was hast du damals erstmals in einer guten Freundschaft erfahren?
- Wofür bist du ihm/ihr unendlich dankbar?
- Wie hat deine Familie reagiert?

Welche Unterstützung aus der Familie war wie eine Wärmflasche?

- Wie hast du die ersten Schritte allein gemeistert?
- Was hast du für dich gut geregelt?
- Was war dir das Allerwichtigste, um das du dich gekümmert hast?
- Wie hast du dich selbst durch deine Traurigkeit begleitet?
- Welche Musik hast du aufgelegt? Welche Filme hast du geschaut?
- Welche Bücher und Gedichte hast du gelesen?
- Welche Tränen verschafften dir Erleichterung?
- Welche landeten auf Papier? Was hast du dort aus tiefster Seele geschrieben?

- Welche Gedanken haben dich und auch andere sehr berührt?
- Wie hast du deine tiefen Gefühle zum Ausdruck gebracht?
- Wer durfte mit dir eintauchen in diese besondere Gefühlswelt?

Diesem Begleiter hast du Einblick in deine Seele gewährt. Was hat ihn tief berührt?

- Was hat dir Halt gegeben?
- Woran hast du gespürt, dass du langsam wieder festen Boden unter den Füßen hast?
- Was waren erste Schritte in dein neues Leben?
- Was waren untrügliche Zeichen deiner eigenen Stärke?

Wie lange hat es gedauert, bis der Himmel für dich wieder strahlend blau war?

12 Krankheit

Das Auftreten einer Krankheit ändert alles, denn wir erfahren durch sie, dass all unsere Annahmen von Sicherheit eine Illusion sind. Sie erzählt uns, dass sich unser Leben von einer zur anderen Sekunde verändern kann, dass wir darauf reagieren müssen – aber auch reagieren können. Sie beleuchtet Seiten an uns, die uns verborgen sind, sie behindert und ermöglicht zugleich. Die persönliche Auseinandersetzung mit dem Krankheitsgeschehen wird häufig erschwert durch die in unseren Kreisen vorherrschende Idee, die Hilfe fänden wir im Außen. Wir müssten nur einen kompetenten Arzt finden und das richtige Medikament schlucken. Die Hilflosigkeit im Gesundheitssystem, nämlich dann, wenn keine Behandlungsmethode zur Verfügung steht, kein wirksames Medikament existiert oder der Patient mit hoher Symptomdichte als »austherapiert« entlassen wird, wird als eigene Hilflosigkeit erlebt. Dabei gibt es einen sehr großen Spielraum für Handlungen, die das Krankheitsgeschehen intensivieren oder genauso gut eindämmen können. Jeder Patient darf sich daher mit der Frage beschäftigen, was er innerhalb seiner Lebensgestaltung verändern kann, um sich selbst gut zu versorgen und gesunde Impulse zu vermehren. Mit der Krankheit betreten wir einen Erfahrungskorridor, der uns zwingt, auch aufgeschobene Lebensfragen zu bearbeiten, für die »immer keine Zeit« war. Insofern ist jede Erkrankung auch etwas Wertvolles, eine Chance, tieferen Bedürfnissen im Leben Gehör zu schenken.

Interview

- Als Kind erlebt man Krankheit sowohl als Geschehen am eigenen kleinen Körper als auch bei Menschen, die zur Familie gehören oder gar bei den eigenen Eltern. An welche Erfahrung mit einer Erkrankung erinnerst du dich sehr deutlich?
- Was genau bildet sich in deinen Erinnerungen deutlich ab?
- Welche Gefühle begleiten diese inneren Bilder?
- Wer umsorgte dich, wenn du krank warst?
- Wer vermittelte dir Geborgenheit?

- Wer machte sich Sorgen?
- Wenn du selbst eine längere oder sogar schwere Krankheit als Kind erlebt hast, welche Anstrengungen waren für dich damit verbunden?
- Wer stand fest an deiner Seite?
- Womit hast du dich beschäftigt, während du im Bett/ zu Hause/im Krankenhaus bleiben musstest?
- Welche Familienmitglieder und welche Freunde haben dich besucht?
- Wer hat fest daran geglaubt, dass du bald wieder gesund wirst?
- Was hat deine Familie unternommen, wenn es Schwierigkeiten oder Komplikationen gab?
- Wer hat dir geholfen, das, was du versäumt hast, aufzuholen?
- Als Kind sieht man viele Dinge mit vollem Herzen. Was hast du empfunden, als du das erste Mal spürtest, dass jemand, den du sehr lieb hast, unter einer Krankheit sehr zu leiden hat?
- Wer hat deine Gefühle damals gut verstanden? Mit wem hast du darüber reden können?
- Wie hast du zu helfen versucht?
- Wer hat dich getröstet, wenn es nicht wieder gut wurde?
- Was hast du aus heutiger Sicht aus dieser Erfahrung gelernt?

Welche Krankheit hat dich erschreckt?

- Welche Krankheit jagt dir Angst ein?
- Welche Krankheit macht dich hilflos?
- Was genau hat dich erschreckt?

- Was ist deine innere Fantasie dazu?
- Wie erklärst du dir diese starken Reaktionen bei dir?
- Welche Geschichte verbirgt sich dahinter?
- Im Laufe unseres Lebens kommt es öfter vor, dass Menschen, die uns viel bedeuten, trotz intensiver Behandlung ihren Kampf gegen eine Krankheit verlieren. Wann hast du das zuletzt erlebt?
- Wie hast du auf solche Ereignisse reagiert?
- Was hat dir in dieser Situation geholfen?
- Was sagt deine Erfahrung, wie man trotz großer Traurigkeit selbst gesund und zuversichtlich bleibt?
- Welche Erkrankung hast du erstaunlich schnell überwunden?
- Was hat dir dabei geholfen?
- Wer hat da kräftig mitgeholfen?
- Welche Krankheit hat dir viel Geduld und Ausdauer abverlangt?
- Wie ist dir dieser Langstreckenlauf gelungen?
- Was hat sich durch dein geduldiges Mitwirken gut entwickeln können?
- Manchmal denkt man über Dinge, die einem passieren, tiefer nach. Welche Zusammenhänge hast du bereits entdeckt zwischen deiner Erkrankung und deinem Leben?
- Wenn die Krankheit dir etwas aufzeigt, etwas offenbart, was sagt sie dir?

Wenn die Beschwerden und Schmerzen, die dein Körper dir zumutet, deutliche Signale sind für einen unhaltbaren Zustand in deinem Inneren, zu welcher Veränderung wirst du aufgefordert?

- Erkrankungen sind Prozesse, die unsere Aufmerksamkeit auf uns selbst richten. Du schaust in dich hinein, fragst dich, was los ist und was du tun kannst.
  Welche wichtigen Erfahrungen hast du durch die Erkrankung machen können?
- Was war eine tiefe und sehr wertvolle Erfahrung inmitten des Krankheitsgeschehens?
- Was hast du im Umgang mit der Krankheit über dich selbst gelernt?
- Welche Bedürfnisse haben sich gezeigt?
- Wenn dein Körper mit dir in ein Zwiegespräch geht, was gefällt ihm besonders und was eher nicht?
- Welche Bedürfnisse hat er, die momentan nicht erfüllt werden (können)?
- Wo spürt er deine Aufmerksamkeit?

Wo möchte dein Körper deine Aufmerksamkeit mehr spüren?

- Woran kannst du deutlich merken, dass du auf dem besten Weg bist, krank zu werden? Was sind wichtige Signale?
- Hörst du sie bereits leise oder müssen sie erst laut und deutlich werden?
- Wie reagierst du dann? Was bietest du dir an?

Wenn du einen »inneren Leibwächter« engagierst, der dich beschützt und gut auf dich aufpasst, was tut er als Erstes?

- Worauf achtet er besonders?
- Welche Wirkungen hat das auf längere Sicht?
- Was ist deine beste Strategie, um schnell wieder gesund zu werden?
- Was ist deine beste Strategie, um gar nicht erst krank zu werden? Was ist dein persönliches Gesundheitsrezept?

13 Gesundheit

Gesundheit gilt uns als Selbstverständlichkeit, bis sie uns verlässt. Dass sie uns eines Tages verlässt, ist wiederum eine Tatsache. Je weniger wir das zur Kenntnis nehmen, desto größer ist die Gefahr, die eigenen inneren Bedürfnisse zu ignorieren und die Zeit voller Gesundheit zu verkürzen durch allerlei Schädigungen, die recht einfach ins Leben kommen: Essen, Trinken, Rauchen, Fernsehen u. v. a. m. Oft spüren wir erst durch einen blauen Knöchel, wie kostbar es ist zu laufen, an einer Woche im Bett, wie wunderbar es ist, morgens in einen selbstbestimmten Tag starten zu können. Die Gesundheitspsychologie hat uns längst aufgezeigt, dass unser Wille zur Gesundheit immer wieder entfacht werden muss, entweder mit einem deutlichen Stoppschild für das Jetzt oder mit einem einladenden Hinweisschild in die Zukunft, auf dem ganz groß die Frage »*Wofür?*« zu lesen sind. Für einen Firmenmarathon trainiert man, für eine Sommerwanderung in den Bergen will man fit sein, bei einer Fahrradtour mit den Kindern nicht das Schlusslicht. Gesundheit ist ein Prozess, der immer wieder Aufmerksamkeit benötigt sowie Kurskorrekturen und Investitionen in Bewegung, Ausgleich und Gemeinsamkeit anregt.

Ein ganzes Interview zur Gesundheit wirkt wahrscheinlich – so gut es auch gemeint ist – eher in Richtung »schlechtes Gewissen« und damit wenig motivierend. Aber die eine oder andere Frage kann genau *die* liebevolle Aufmerksamkeit für das eigene Befinden hervorbringen, die es braucht, um den Startschuss zu setzen, um sich selbst wieder in bessere Form zu bringen.

Mit 5 Fragen Gesundheit tanken

1. Wie bist du gesund geblieben?
   Oder: Wie bist du wieder gesund geworden?
2. Was sind wichtige Energie-Tankstellen für dich?
3. Was erfüllt dich in deinem Leben?
4. Was erfüllt dich an deiner Arbeit?
5. Was sind für dich gute Aussichten in puncto Gesundheit und Lebensfreude?

Interview

- Wer ist dein Vorbild in der Familie in puncto Gesundheit?
- Wenn du seine/ihre Gesundheit beschreibst, wie zeigt sie sich?
- Was tut er/sie, das dir besonders gefällt?
- Was macht ihn/sie so bewundernswert fit?
- Was investiert er/sie in seine/ihre Gesundheit?
- Wie steckt er/sie andere an?
- Womit hast du ganz besonders gute Erfahrungen gemacht?
- Was tut dir gut?
- Was machst du besonders gerne?
- Womit bist du im Moment mit Blick auf deine Gesundheit besonders zufrieden?
- Welche Dinge hast du bereits umgesetzt, die eine richtig gute Wirkung haben?
- Welche Investition der letzten Jahre hat sich bereits richtig gelohnt?
- Wann hast du dich zuletzt rundum gesund und glücklich erlebt?
- Sicher tragen dazu Dinge bei, die wir nicht beeinflussen können. Was hast du dabei dir selbst und nicht den Umständen zu verdanken?
- Wer ist dein bester Motivationscoach?
- Welche gute Hilfestellung erhältst du von ihm?
- Für wen bist du ein Motivationscoach?
- Wie gelingt es dir, diesen Menschen in Bewegung zu bringen?
- Was war deine fitteste Zeit im Leben?

- Welche Dinge haben da gut zusammengepasst, um so aktiv zu sein?
- Was davon ist auch heute noch gut einsetzbar, um Spaß und Gesundheit miteinander zu verbinden?
- Wie kann eine erste gute Idee aussehen?

Gesundheit hat viel mit Ausgleich zu tun, ein Gegengewicht zu schaffen zu großer Anstrengung, Konzentration und Aktivität. Was ist dein Ausgleich im kräftezehrenden Alltag?

- Wo findest du Ruhe und Gelassenheit?
- Wo kannst du am besten umschalten auf
  - Freude
  - Bewegung
  - dich selbst
  - deine kreativen Pausen
  - Entspannung
  - traumhafte Stille
  - Zeit nur für dich?

Top 10 – Gesundheit und Wohlbefinden

Schnell registrieren wir, wenn Gesundheit verloren geht. Genauso wichtig ist es zu spüren, in welchen Situationen wir uns gesund fühlen und mit welchen Dingen wir unser Wohlbefinden erhalten, wiederherstellen oder sogar steigern können. Klar ist, wer weiß, was er bereits erfolgreich tut, braucht nicht neu zu lernen, sondern nur einen kleinen Stups, um die guten Dinge wieder in den Vordergrund zu schieben oder einfach öfter zu tun.

Erleben von Gesundheit und Wohlbefinden – Meine Top 10:

1. ______________________________

2. ______________________________

3. ______________________________

4. ______________________________

5. ______________________________

6. ______________________________

7. ______________________________

8. ______________________________

9. ______________________________

10. ______________________________

By the way – Wie steht's mit Ihrer Gesundheit?

Im beruflichen Feld, besonders im Coaching, ist es nicht so einfach, das Thema Gesundheit so anzusprechen, dass sich unser Gesprächspartner nicht ärztlich oder therapeutisch »auf den Zahn gefühlt« erlebt, sondern gern über »versteckte« Gesundheitsfragen nachdenkt.

Welches sind Ihre Lieblingstankstellen inmitten Ihrer engagierten beruflichen Projekte?

- Woher beziehen Sie Ihre Energie?
- Wo verzeichnen Sie die höchsten *Energieverluste*?
- Wie erklären Sie sich das?
- Welche Bemühungen setzen Sie dagegen?
- Woran merken Sie deutlich, dass Ihre *Energiereserven* sich erschöpfen?
- Welchen Ausgleich bieten Sie sich dann an?
- Worin sehen Sie im Moment die größten *Risikofaktoren* für ihre Gesundheit? ... und wie gehen Sie damit um?
- Wie definieren Sie persönlich *Stress*?
- Wie sieht der übliche Alltagsstress bei Ihnen aus?
- Wie behalten Sie dabei die gute Laune?
- Was wirkt am besten, um stressige Tage gut zu überstehen?
- Was ist so eine Art innere Ansprache, wenn Sie unter Stress geraten, wie motivieren Sie sich selbst?
- Was ist nach Ihrer Erfahrung besonders hilfreich im Umgang damit?

- Wie sieht nach extremen Stressphasen Ihre Form von Entspannung aus?
- Was glauben Sie, welchen liebevollen Hinweis würde Ihre Frau/Ihr Mann mir geben, um Sie gesundheitlich ebenfalls gut zu beraten?

Wie oft lachen Sie am Tag?

- Was überwiegt zurzeit in Ihrer Arbeitswoche, der Humor oder der Ärger?
- Was wäre ein wirklich gutes Verhältnis zwischen dem üblichen Alltagsärger und humorvoller Gelassenheit?
- Wie lange liegt der letzte Arbeitstag zurück, an dem Sie richtig viel gelacht haben?
- Von Ihnen werden Spitzenleistungen erwartet, was macht ihnen persönlich am meisten *Spaß* dabei?
- Was ist der kreativste Teil Ihrer Arbeit? Was macht Sie zufrieden?
- Wenn Sie sich erlauben, mal zu schauen, woher die empfangene *Wertschätzung* für Ihre Leistungsfähigkeit, Ihre Erfolge kommt, welche Wertschätzung geht tatsächlich auf Ihrem inneren Konto ein? Von wem?
- Wie zufrieden sind Sie mit Ihrer *Lebensqualität*?
- Was darf gern so bleiben, wie es ist?
- Wo wünschen Sie sich Veränderungen?
- Was sind erste Schritte in diese Richtung?
- Wenn Sie Ihre Lebensqualität beschreiben, was sind ihre Kernbereiche?
- Wie gestaltet sich derzeit das Verhältnis zwischen beruflicher und privater Lebensqualität?
- Wie sieht eine gute Balance für Sie aus?

- In welcher Hinsicht empfinden Sie sich als *Vorbild* für eine ausgewogene Leistungsfähigkeit, Ausstrahlung und Erfolg?
- Wenn wir im Team eine kleine Umfrage starten, welche wertvollen Impulse gehen aus Teamsicht von Ihnen aus?
- Welchen Stellenwert messen Sie dem Thema Gesundheit innerhalb Ihrer Teamführung bei?
- Was würden mir Ihre Mitarbeiter berichten, woran sie Ihre Achtsamkeit gegenüber der Gesundheit spüren?
- Was halten Sie definitiv für »ungesund« in Ihrem Team?

Welche guten Ideen setzt Ihr Team selbst um, um fit zu bleiben?

- Was macht Ihrem Team besonderen Spaß dabei?
- Wenn Gesundheit, Freude und gutes Zusammenspiel zukünftig mehr Aufmerksamkeit bekommen
  - im Team
  - in Ihrem persönlichen Leben
  - im Unternehmen,

  welche guten Entwicklungen werden wir im nächsten Jahr beobachten?

14 Große Veränderungen – Wendepunkte – Schicksalsschläge

Den meisten Menschen machen Veränderungen Angst, vor allem jene Veränderungen, die uns zum Loslassen auffordern. Beziehungen aufgeben müssen, Geld oder die Gesundheit verlieren, den Job nicht behalten können oder generell Sicherheiten preisgeben. Aber auch gewünschte Veränderungen ängstigen uns, denn wer aufbricht, begibt sich ins Ungewisse. Wir vergessen dabei, dass Sicherheit eine Illusion ist und dass jede Veränderung einen wertvollen Fortschritt und Neubeginn in sich bergen kann.

Der Mythos vom Phönix illustriert in dessen feurigem Zyklus die Größe und Tiefe mancher Veränderung: das Alte stirbt, verbrennt zu Asche, aus der sich ein Vogel, wie aus Sonnenstrahlen gemacht, in den Himmel erhebt.

Nicht nur in arabischen und ägyptischen Zelten erzählt man sich die Geschichte von einem wundervollen, einzigartigen Vogel, der aus den reinigenden Flammen des Feuers geboren wurde und in einem immerwährenden Zyklus neues Leben erfährt.

Herrlich leuchtet das flammende Gefieder in seinen goldenen und feuerroten Tönen. Erhaben zieht der goldschimmernde Kopf die Blicke auf sich und sein Feuer erzählt von Veränderung.

Meine Phönix-Kompetenz

Was war besonders schwer für dich?

- ______________________________
____
____
____

- ______________________________
____
____
____

- ______________________________
____
____
____

**Was hast du getan,
um aus der Situation herauszukommen?**

•

•

•

Was hat dir geholfen?
Wer hat dich dabei unterstützt?

-
-
-

Veränderungen fordern uns heraus und schaffen gleichzeitig Gestaltungsmöglichkeiten. Das Annehmen von Aufgaben, das Bestehen von Herausforderungen schafft Persönlichkeit und gleichzeitig Sinnbezüge im Leben. Veränderungen führen zu besonderen Wachstums- und Reifungsprozessen.

Wenn uns Menschen aufsuchen, sich einen guten Rat erhoffen, dann befinden sie sich bereits in einer Phase der Veränderung. Sie haben eine Vorstellung davon, dass etwas anders werden soll.

Daher ist es ausgesprochen sinnvoll,

- sich auf andere, bereits gelebte, überstandene oder ganz aktiv herbeigeführte Veränderungen zu beziehen
- den wertvollen Erfahrungsgehalt dieser Veränderung zu finden
- eigene aktive Handlungsmuster zu beleuchten und zu übernehmen
- das gewinnbringende Zusammenspiel von Gemeinschaften zu verdeutlichen
- das gute Ergebnis, den Gewinn des Weges, der Wandlung sichtbar zu machen.

... es gibt so viele Veränderungen!

Einladung zu einem Rückblick

Welchen Lebensabschnitt beschreibst du als eine Phase voller Veränderungen?

Was hat sich zu dieser Zeit alles gewandelt?

Was war die bisher größte Veränderung in deinem Leben?

Wie hast du sie erlebt?

Was war eine außerordentlich schmerzvolle Veränderung?

Wie bist du ihr begegnet?

Was war eine sehr schwierige Veränderung in deinem Leben?

Was hast du persönlich als sehr schwierig empfunden?

Welche große Veränderung hast du selbst initiiert?

Was war deine Absicht, dein Wunsch, deine Intention?

Was war die schönste Veränderung?

Was hat dich dabei so bezaubert?

Welche Veränderung hat deinem Leben eine neue Richtung gegeben?

Was war diesem Richtungswechsel vorausgegangen?

Was genau hat deine Umlaufbahn verändert?

Interview – Vertiefung der Erfahrung

Entwicklung der eigenen »Phönixkompetenz«

- Welche schwierigen, schmerzvollen Veränderungen hast du in deinem Leben erlebt?
- Welche Veränderung hat deinem Leben eine ganz neue Richtung gegeben?
- Wovon musstest du Abschied nehmen?
- Was sind tiefe Erlebnisse aus dieser Zeit?
- Welche Einflüsse von außen gab es? Was hat dich bedroht? Was hat dich beglückt? Was hat dich mutig sein lassen?
- Wie intensiv/wie dramatisch war diese Zeit?
- Wie lang hast du um die Veränderungen gerungen?
- Wie viel Geduld hat es gebraucht bis zur Ankunft im neuen Leben?
- Welche Gedanken haben dich begleitet?
- Was hast du in dieser Zeit über dich selbst neu erfahren?
- Welche Gedanken haben dich vorwärts gebracht?
- Welcher innere Glaube hat dir in dieser schwierigen Zeit Halt gegeben?
- Welche neuen und wichtigen Erfahrungen hast du in dieser Zeit gewonnen?
- Was hast du gelernt?
- Wenn du dich erinnerst, dass es einen Punkt gab, an dem die Lage richtig dramatisch erschien, was hast du versucht, um da rauszukommen?
- Was war deine erste Idee, um wieder Herr/Herrin der Lage zu werden?
- Welchen Impuls zur Veränderung hattest du?

- Wie wolltest du da rauskommen?
- Wie sollte es weitergehen?
- Was war dein erster Schritt? Was hat geklappt?
- Was war gleich auf Anhieb erfolgreich?
- Was war für dich besonders schwierig, eine besondere Anstrengung dabei?
- Wie hast du es geschafft, so lange durchzuhalten? ... so lange am Ball zu bleiben? ... immer wieder neu durchzustarten?
- Was/wer hat dich ermutigt dranzubleiben?
- Wer hat dich unterstützt? Welche Unterstützung war die wertvollste?
- Wem bist du heute noch dankbar für die Hilfestellung in dieser Zeit?
- Was hast du damals wie entschieden?
- Welcher Nutzen war gleich spürbar im Zuge der Entscheidung? An welcher Stelle musstest du später noch mal nachbessern, einen neuen Anlauf nehmen, etwas hinzufügen?
- Wie lange hast du dir Zeit genommen (Zeit gebraucht), um aus diesen Schwierigkeiten heraus neu durchzustarten?
- Wer hat dich für deine Entscheidung damals bewundert? Was genau hat er/sie an dir bewundert?
- Welche Unterstützung deiner Familie war dir besonders wertvoll?
- Welche Unterstützung in deinem Umfeld hat dir besonders viel gebracht?
- Wofür hast du besonders viel Zuspruch/Anerkennung bekommen?

- Welche Form von Miteinander hat dir in dieser Situation besonders gutgetan?
- Wer war dein Schrittmacher? Wer war dein Coach?

Wenn du so zurückschaust und die gesamte Entwicklung betrachtest, was war der Gewinn der Veränderung?

Was bleibt als Ergebnis deiner Ausdauer, deines Durchhaltevermögens?

Was ziehst du als Gesamtbilanz?

Welche wichtige Stärke hast du gerade aus dieser besonderen Phase deines Lebens gewonnen?

So habe ich ***Krisen gemeistert***

Jede Krise, die wir gemeistert haben, hat etwas in uns verändert.

Wir haben Mut und Ausdauer entwickelt und neue Stärken und Fähigkeiten kennengelernt.

Wir wollen uns mit solch wertvollen Seiten unseres Umgangs mit großen Veränderungen und Herausforderungen in unserem Leben befassen.

Wie ist es dir gelungen, Lösungen zu finden? Schau dir drei Situationen an, die besonders großen Einfluss auf dein weiteres Leben hatten. Wie hast du die Situation gemeistert? Was hast du ganz konkret getan?

Krisensituationen meines Lebens	**Meine Ideen, Handlungen und Fähigkeiten**
1.	**1.**
2.	**2.**
3.	**3.**

Meine *gravierendsten* Fehlentscheidungen

Fehler macht jeder mal. *Fehler sind wichtige Lernfelder*. Aus Fehlern schöpfen wir wichtige Erkenntnisse, denn wir spüren die Wirkungen unseres Handelns. Wirkungen, die wir so nicht einkalkuliert hatten. Manche Fehler sind banal, andere haben jedoch gravierende Folgen: etwa wenn wir eine Ausbildung vorzeitig abgebrochen, eine Beziehung leichtfertig aufs Spiel gesetzt, oder einem anderen Menschen, wenn auch unabsichtlich, sehr wehgetan haben.

An die Konsequenzen zu denken, die wir uns eigentlich – im Nachhinein betrachtet – hätten ersparen wollen, kann uns mit Scham- und Schuldgefühlen konfrontieren. Solche Gefühle hindern uns am Lernen. Es lohnt sich sehr, einen Blick auf das Geschehene zu werfen und aus den Fehlern möglichst viel zu lernen.

Meine Fehlentscheidungen und deren Konsequenzen:

1. ______________________________

2. ______________________________

3. ______________________________

Das habe ich daraus gelernt:

1. ______________________________

2. ______________________________

3. ______________________________

Diese Stärken sind mir in der Folgezeit daraus erwachsen:

____

____

____

15 Abschied und Neubeginn

Das Leben ist ein Kreislauf, in dem Abschied und Neubeginn miteinander verknüpft sind wie Tag und Nacht. Obwohl es nie ein anderes Leben gab, tun wir uns schwer mit den Abschieden und selbst die Neuanfänge sind nicht immer Morgendämmerungen. Vielleicht lernen wir zu wenig über Lebenszyklen und Veränderungen, vielleicht ermutigt uns der Wohlstand zu sehr anzunehmen, dass alles, was wir erschaffen, bleiben wird und behalten werden kann. Wie auch immer, diese Illusionen tun weh, da sie zerplatzen wie Seifenblasen. Viele erleben, dass Arbeitsplätze trotz guter Leistung der gesamten Belegschaft nicht erhalten bleiben, dass frisch gebaute Häuser versteigert werden, weil das Ehepaar sich trennt, dass der elterliche Hof nach deren Tod nicht selbst bewirtschaftet werden kann, weil man in die Stadt gezogen ist, dass Kinder früh aufbrechen, ihr Fernweh mit Sprachkursen und Auslandssemestern zu stillen und dass die Ewigkeit der Liebe leider nur in der Hälfte der Fälle dort ankommt.

Es ist von Vorteil, sich mehr darauf einzustellen, dass Werden und Vergehen zusammengehören und wir mehr und mehr lernen, dem Vergehenden etwas abzugewinnen, Frieden zu schließen und aktive Abschiede zur Gewohnheit werden zu lassen. Menschen sollten nicht einfach verschwinden. Der, der geht, sollte selbst Abschied nehmen und von denen, die bleiben verabschiedet werden. Der, der ankommt, sollte willkommen geheißen werden, mit Freude und Zuversicht aufgenommen, und er sollte nicht ganz mit leeren Händen kommen – eine Kleinigkeit zum Freuen zaubert ein erstes Lächeln auf die Gesichter derer, die ihn erwarten. Auf diese Weise könnte es uns leichter fallen, das Auf und Ab des Lebens als etwas zu empfinden, dass in der Macht seiner Bewegung immer auch Liebevolles, Gutes und Überraschendes für uns bereithält.

Interview

- Wie wurdest du im Leben willkommen geheißen?
- Wie hat deine Familie deine Ankunft gefeiert?
- Wie habt ihr, deine Frau und du, die Ankunft eures Sohnes/eurer Tochter/eurer Kinder gefeiert?

Wie habt ihr eure große Freude zum Ausdruck gebracht, dass euer kleiner Prinz/eure kleine Prinzessin auf der Welt ist?

- Welche Geste hat euch besonders berührt?
- Welche Worte oder Grüße waren sehr persönlich?
- Welches Geschenk war eine richtige Überraschung?
- Manchmal bekommt man Gäste, die etwas länger bleiben. Welche Menschen waren in eurer Familie zu Gast?
- Wie habt ihr sie aufgenommen?
- Was habt ihr als kleine Gastgeschenke erhalten?
- Was sind schöne Erinnerungen an diese gemeinsamen Tage?
- Wenn du bei anderen Menschen länger zu Gast warst, was hat dich neugierig gemacht auf das Leben deiner Gastgeber?
- Was hat dir richtig gut gefallen?
- Was hast du als sehr anders und anstrengend erlebt?
- Was geht als schönste Willkommensfeier in dein Leben ein?

Hermann Hesses Gedicht *Stufen* wird mit dem Satz »Jedem Anfang wohnt ein Zauber inne« so oft zitiert, dass diese Zeilen fast jeder kennt.

Welcher Anfang hat dich wahrlich verzaubert?

- Auch wenn Abschiednehmen ungleich schwerer fällt – welcher Abschied hatte einen Zauber, den du heute noch in deinem Herzen spüren kannst?
- Welcher Abschied war so hart und kalt, dass du eine ganze Weile danach noch gefroren hast?
- Wie lange hast du gebraucht, um dich aufzuwärmen? Was hat dir geholfen?

Was war der schwerste Abschied in deinem Leben?

- Worin bestand dein Kummer?
- Was wolltest du unbedingt vergessen, zurücklassen, wirklich loslassen?
- Welche Aufgabe stand vor dir, die es zu lösen galt?
- Auf wessen Unterstützung konntest du bauen?
- Wessen Unterstützung hättest du dir gewünscht?
- Wie ist dir das Losgehen dennoch geglückt?
- Wohin bist du gegangen?
- Was hat dich dort erwartet?
- Welcher Abschied kam für dich so überraschend und unerwartet, dass er dich fast umgehauen hat mit seiner Wucht?
- Wie hast du nach und nach wieder Boden unter die Füße bekommen?

Welches Abschiedslied hat sich tief in deinem Herzen einen Platz gesucht?

- Bei welcher Gelegenheit hat es sich in dein Leben hineingesungen?

- Wie berührt dieses Lied noch heute dein Herz?
- Wenn du von jemandem für immer Abschied nehmen musst, wie kann dir das gelingen?
- Was kann dir hilfreich sein, um diesen Weg zu gehen?
- Mit wem an deiner Seite kannst du das schaffen?
- Was ist dir beim Abschiednehmen immer gelungen?
- Welche Situation ist dir in guter Erinnerung, in der du selbst ein sehr schönes Abschiedsritual gezaubert hast?
- In welcher Situation hat es viel genützt, dass du entschlossen und ohne Zögern gegangen bist?
- Aus welcher Situation bist du tatsächlich mal geflüchtet?
- Wie ist dir diese Flucht geglückt?
- Wie stellst du dir deinen letzten Abschied vor?
- Wenn du Dinge verloren hast im Leben – nicht irgendetwas, nein –, etwas Wichtiges, Wertvolles oder etwas, dass dich verdammt viel Arbeit gekostet hat, wie hast du sagen können: »Ja, so ist es nun mal«, und hast losgelassen?
- Was denkst du heute darüber, welchen Sinn es hat, wenn Dinge immer wieder verloren gehen?
- Über welchen Verlust bist du heute noch unglücklich?
- Was macht diese Sache so bedeutsam für dich?
- Welchen damit verbundenen Zeiten oder Beziehungen trauerst du womöglich nach?
- Wie kannst du es anstellen, dass ein Abschied nach Wiedersehen schmeckt?
- Wen möchtest du unbedingt einmal wiedersehen?

Welches Wiedersehen in deinem Leben war hollywoodreif?

- Welche Geschichte gehört dazu?
- Wie ging es im Drehbuch weiter?
- Mit wem würdest du gern noch mal auf Anfang gehen?
- Welche verpasste Chance verbirgt sich darin?
- Angenommen diese Chance besteht noch, wie kannst du sie *jetzt* nutzen?
- Wie kannst du dem Kommenden zuversichtlich, freudig und energievoll entgegentreten?
- Welches neue Kapitel deines Lebens schlägst du gerade auf?
- Welches neue Gefühl darf dich begleiten?

Wenn du deine Augen schließt und lächelst, wovon träumst du dann gerade?

Team – Firma – Arbeitsplatz

- Wie hat man dich an deinem (ersten) Arbeitsplatz begrüßt?
- Was war die schönste Begrüßungsidee in einem Team, die du je erlebt hast?
- Was ist dir wichtig bei der Begrüßung eines neuen Kollegen/einer neuen Kollegin in eurem Team?
- Welche Geste der Firma zu Beginn der Tätigkeit im Unternehmen gefiel dir besonders gut?
- Welche Rituale erzählen von der Zugehörigkeit zum Unternehmen?
- Wie gestaltet das Team die Jubiläen seiner Mitglieder?
- Wie werden Kollegen gut verabschiedet nach ihrer Tätigkeit für das Unternehmen?

- Wenn ihr als Team in ein neues Projekt startet, wie gestaltet ihr den Anfang richtig schwungvoll?
- Wie schließt ihr euer Arbeitsjahr so ab, dass jeder ein Gefühl von Zufriedenheit mit ins Weihnachtsfest nimmt?
- Wie feiert ihr eure Anstrengungen und eure guten Ergebnisse?
- Wie startet ihr in das neue Jahr, sodass der frische Wind für jeden spürbar ist?
- An welchen letzten Tag in einem Team erinnerst du dich sehr gern, weil man dir einen schönen Abschied bereitet hat?
- Wie hast du dich gut verabschiedet?
- Welcher erste Arbeitstag hatte es in sich, weil dir viele kleine Gesten das Ankommen versüßten?

Wie sieht für dich ein idealer erster Arbeitstag aus?

Was lässt dich spüren, dass es ein richtig guter Anfang wird?

- Welchen Kollegen/welche Kollegin vermisst du schmerzlich, weil ihr ein Dream-Team gewesen seid?
- Was war das Besondere eurer Zusammenarbeit?
- Mit welchen Kollegen legst du immer wieder einen guten Start hin?
- Über welchen Neuanfang in deinem Arbeitsleben hast du dich am meisten gefreut?
- Was war dabei eine große Chance?
- Wie sah der gute Start aus?

- Welche Chance zur beruflichen Weiterentwicklung wünschst du dir?
- Wenn noch eine ganz neue Aufgabe auf dich wartet, welche würdest du mit großer Freude annehmen?

Welcher Neustart liegt zum Greifen nah?

- Wie sieht ein Happy End im Arbeitsleben für dich aus?
- Womit möchtest du deinen Kollegen in Erinnerung bleiben?
- Was möchtest du gern erzählen über dein erfülltes Arbeitsleben, wenn deine Enkel dich fragen?

16 Arbeit

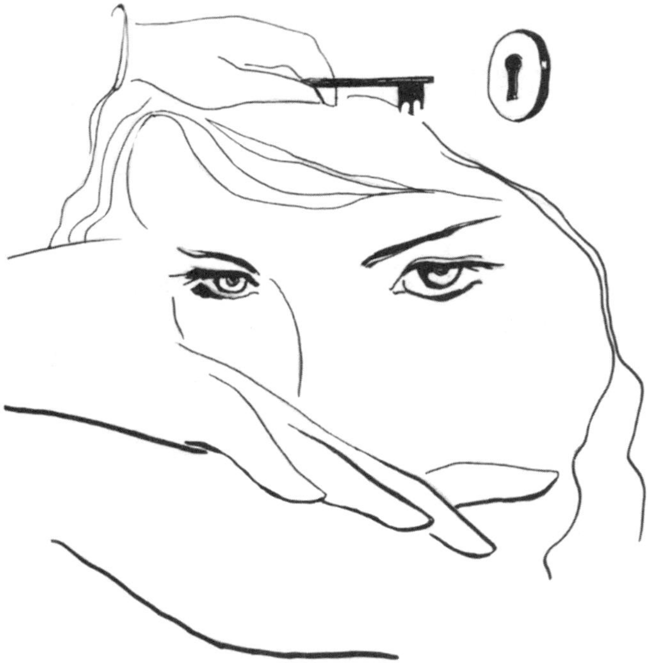

Jeder Mensch erlebt seine berufliche Entwicklung. Jeder hat seine Vorstellungen, seine Träume, die ihn begleiten oder denen er intensiv folgt. Von Beginn der Schule, des Studiums, der Ausbildung an durchlaufen wir verschiedene Stationen, studieren oder arbeiten an unterschiedlichen Orten. An jeder Station unserer Reise sammeln wir Erfahrungen. Wir begegnen unterschiedlichen Teams, bekommen Aufgaben gestellt, lernen und entwickeln uns. Daher ist ein solcher Überblick, eine Reiseroute ein breit angelegter Erfahrungsschatz, der die Entwicklung wichtiger Fähigkeiten beschreibt. Außerdem kann man sich sagen: Laufbahn kommt von *laufen*.

Besonders interessant sind:

- die Wechsel und Übergänge zwischen den einzelnen Stationen
- größere Entscheidungen, die der Einzelne/das System getroffen hat
- die Linie des ständigen Lernens – der Weiterentwicklung (gerade dann, wenn Wachsen, Entwicklung und Erfolg nicht gleich sichtbar sind)
- die Erfahrung mit verschiedenen Systemkulturen
- der Ausblick: die Vorstellung von den nächsten Stationen.

Interview

- Welche Berufswünsche sind uralt, entstammen deinen *Fantasien und Vorstellungen in der Kindheit*?
- Was hat dich daran fasziniert? Was hat dich magisch angezogen?
- Was ist aus diesen *Ideen* geworden?
- In welcher Form tauchen sie heute in deinem Leben auf?
- Welche *Berufe* gibt es in deiner *Familie*?
- Welche tauchen bei den *Frauen* eher auf, welche bei den *Männern*?
- Wer hat dich ein bisschen angesteckt? Womit hast du dich *anstecken* lassen?

- Welche Form der »*Berufsberatung*« oder »Studienberatung« hat dir deine Familie angedeihen lassen? Was hast du als hilfreich erlebt und was weniger?
- Mit welcher Entscheidung hast du deinen Weg bestimmt?
- Wo hast du mal *reingeschnuppert,* bist aber nicht geblieben?
- Welche Eindrücke hast du dort gesammelt?
- Womit hast du *angefangen,* es aber nicht zu Ende geführt?
- Welche Kenntnisse und Erfahrungen hast du dabei gesammelt?
- Wie bist du ins Studium/in die Ausbildung gestartet?
- Was waren *erste Erfolge*? Wie hast du dich eingelebt und Ausdauer entwickelt?

Was waren deine »Markenzeichen«?

- Welche Besonderheiten und Qualitäten haben andere an dir geschätzt?
- Unter welchem *Motto* standen diese Jahre?
- Welches ist deine intensivste Erinnerung?
- Welche Geschichte aus dieser Zeit erzählst du immer wieder gern?
- Was sind deine *Erfolge*? Was ist dir gut gelungen?
- Was hat gleich auf Anhieb bei deinem *Berufseinstieg* geklappt?
- Wie hast du deine erste Arbeitsstelle gefunden?
- Wonach hast du gesucht?
- Wie hast Du es geschafft, einen guten *Start* hinzulegen?
- Welcher Abschnitt in deinem Berufsleben hatte bisher den größten *Wohlfühlfaktor*?

- Was genau hat dieses gute Gefühl hervorgebracht?
- Welches war die bisher *größte Veränderung* in deinem Berufsleben?
- Wie hast du sie gemeistert?
- In welchem Abschnitt hast du die größten Fortschritte gemacht? Was hast du da im Einzelnen erreicht?
- Zu welcher Station gehören die größten erlebten *Konflikte* deiner beruflichen Erfahrung? Was war deine Position, wofür hast du gekämpft?
- Was glaubst du selbst, was ist dein *roter Faden* im Beruflichen? Welche Vorstellung, welche innere Idee oder auch gelebtes Engagement findet sich immer wieder?
- Wenn du dir ein *Motto* schenkst, passend zum Berufsweg, wie könnte es lauten?

Welche Facetten deines Berufs passen besonders gut zu deinem inneren Sein, welche erlebst du als ganz besonders stimmig?

- Was macht dich zu einem/r *Spezialisten/in*? ... einem Profi?
- Welches sind ganz spezielle Fähigkeiten, die nur du hast?
- Wer war dein/e beste/r *Mentor/in*? Was hast du von ihm/ihr in besonderer Weise erfahren und gelernt?
- Wofür kannst du ihm/ihr heute »Danke« sagen? Wofür kann er/sie dir heute »Danke« sagen?
- *Die nächste Reisestation* in deinem beruflichen Werdegang könnte wie heißen?
- ... und wenn du deinen *geheimen, etwas verrückten Vorstellungen* folgst, was könnte dann eine zukünftige Erfahrungswelt sein?

- Was glaubst du, was du gerade dort im Anschluss an diese bereits gelungene berufliche *Entwicklung* ermöglichen wirst?

Was willst du beruflich unbedingt noch erleben, umsetzen, ehe du deinen offiziellen Berufsweg beendest?

- Welche *Spur* möchtest du beruflich hinterlassen?

Meine beruflichen Kompetenzen

Durch die Aufgabenstellungen in unserer Arbeit festigen wir unser Können und lernen gleichzeitig Neues dazu.

Überlegen Sie, welche Kompetenzen Sie im Verlauf Ihres Berufslebens entwickelt haben. Denken Sie bitte auch an die Aufgaben, für die Sie jetzt zuständig sind und für die Sie Verantwortung tragen. Vergleichen Sie dazu die Erfahrungen, Kenntnisse und Fähigkeiten, die Sie hatten, als Sie Ihre berufliche Laufbahn begannen, mit Ihrem jetzigen Stand innerhalb Ihrer Tätigkeit.

Kompetenz trifft Freude am Arbeitsplatz

Fragen Sie sich, ob Sie bei Ihrer täglichen Arbeit Ihre starken Seiten ausreichend einsetzen können? Widmen Sie sich überwiegend Aufgaben, die Sie aufgrund Ihrer beruflichen Kompetenzen gut im Griff haben? Deren Erledigung Ihnen viel Spaß macht? Durch die Sie viel Anerkennung bekommen? Je mehr Ihnen all das möglich ist, desto besser.

Meine Kompetenzen, die ich in früheren Jobs erworben habe:

____

____

____

____

____

____

____

____

Kompetenzen und Freude in meiner derzeitigen Tätigkeit:

Einladung zur beruflichen Selbstreflexion und Selbstführung

Kleines Gespräch mit mir selbst

Auf welche Weise war ich mir in meiner beruflichen Entwicklung selbst ein guter Begleiter und Impulsgeber?

....

....

....

Wann habe ich mich selbst fest an die Hand genommen, weil es phasenweise sehr schwierig war?

....

....

....

....

Für welche neue Erfahrung der letzten Zeit bin ich besonders dankbar?

....

....

....

....

Wofür habe ich mir ein echtes Dankeschön in den letzten beiden Jahren verdient?

....

....

....

Welches war mein größter Entwicklungsschritt?

....

....

....

Worüber empfinde ich große Freude bei meiner Arbeit?

....

....

....

Welche Resonanz auf meine Arbeit hat mich in letzter Zeit regelrecht glücklich gemacht?

....

....

....

Wo hatte ich das Gefühl, etwas verändert zu haben?

....

....

....

....

....

Welche Herausforderung steht vor mir, um auf Dauer meine Spuren zu hinterlassen?

....

....

....

....

....

Wie habe ich mir das Vertrauen anderer Menschen verdient?

....

....

....

....

....

....

Wie habe ich auf meine Art »Danke« gesagt zu Menschen, die mich gerade in den letzten Jahren in meiner beruflichen Entwicklung unterstützt haben?

....

....

....

Wie erhalte ich meine Leidenschaft in meinem beruflichen Wirken? Wofür möchte ich brennen? Was ist mir sehr wichtig?

....

....

....

Welche drei Dinge warten beruflich noch auf mich?

1. ....

2. ....

3. ....

Worauf freue ich mich am meisten?

....

....

....

17 Fragen für erfolgreiche Frauen und Männer

Sollten andere Fragen Männer glücklich machen als Frauen? Das kommt darauf an. Worauf denn? In der Paarberatung z. B. legen Männer oft sehr viel Wert darauf, dass ihnen genau die gleiche Frage gestellt wird wie ihrer Frau – Gerechtigkeit, Ausgleich und Allparteilichkeit lassen grüßen.

Aber ich bezweifle, dass man mein Henry-Maske-Interview[2] in gleicher Weise mit einer erfolgreichen Frau hätte führen können. Interessant wird es gerade dadurch, dass sich die Grundstrukturen des Lebens von Männern und Frauen ähnlicher geworden sind und beide Geschlechter nach Lebensbalancen zwischen Beruf, Familie und persönlicher Entwicklung suchen. Männern und Frauen darf ein gleichermaßen erfolgreiches Leben unterstellt werden – und doch gibt es spannende Unterschiede. Gleiche Frage, unterschiedliche Antworten – interessant. Die Wurzeln des Erfolgs in der eigenen Familie machen richtig neugierig: Welcher Tradition folgen die Männer in der Familie, welcher die Frauen? Gibt es eine männliche Linie und eine weibliche? Lernen Männer die Liebe über die Frauen? ... und die Frauen den Erfolg über die Männer? Gibt es einen weiblichen Erfolg und einen männlichen? Sind Männer erfolgsbetonter oder Frauen? Welche Wirkung hat es, wenn eher Frauen einen Mann für erfolgreich halten – und welche, wenn andere Männer sich respektvoll vor ihm verneigen? Welche Erfolge machen Frauen deutlich zufriedener als Männer? Lang ist die Liste von Fragen und Spekulationen. Beschäftigen Sie sich selbst mit den Unterschieden, indem Sie Fragen stellen und den Antworten lauschen.

---

2 Carmen Kindl-Beilfuß (2008): Fragen können wie Küsse schmecken. Systemische Fragetechniken für Anfänger und Fortgeschrittene. Heidelberg (Carl-Auer), 6. Aufl. 2015.

Erfolgsgeschichten

- Was ist der erste Erfolg, an den du dich erinnerst?
- Was war ein großer Erfolgsmoment, vielleicht sogar *der* Erfolgsmoment deines Lebens?
- Was war die schönste Belohnung?
- Ist Erfolg aus deiner Sicht lernbar? Wie?
- Wenn du mir drei wichtige Säulen für Erfolg nennen solltest, welche sind das für dich?

Wurzeln des Erfolgs

- Was machte deine Vorfahren erfolgreich?
- Was ist eine Art ganzheitlicher Erfolg, eine Lebenskraft in deiner Familie?

Welches ist der größte Lebenserfolg deiner Familie aus deiner Sicht?

- Ist Erfolg bei euch mit Blick in eure Familiengeschichte eher männlich oder weiblich?
- Was macht den Unterschied?
- Wie hat sich das verändert?
- Was haben die Frauen vor dir, deine Mutter und Großmutter, in ihrem Leben vollbracht?
- Was konntest du daraus lernen bzw. wie davon profitieren?
- Was haben die Männer vor dir, dein Vater und Großvater, in ihrem Leben vollbracht?
- Was konntest du daraus lernen bzw. wie davon profitieren?

Lernen, Misserfolge zu überwinden

- Was wurde in deiner Familie als Misserfolg betrachtet?
- Wie wurde damit umgegangen?
- Wer hat es anders gesehen?

Wer hat unter »Misserfolgen« oder gar »Erfolglosigkeit« gelitten?

- Welche Unterstützung bekam er/sie?
- Welches sind wirkliche Misserfolge für dich in den letzten zwei Jahren?
- Was bezeichnest du als Misserfolg?
- Wie schwer war es auf einer Skala von 1–10 damit fertigzuwerden?
- Wie bist du damit fertiggeworden?
- Wie hast du dir am Ende dafür auf die eigene Schulter geklopft?
- Wer/was hat dir geholfen?
- Was erzählst du (deinen) Kindern, wie Frauen bzw. Männer mit Misserfolgen fertigwerden?

Erfolgsaussichten

- Welcher Erfolg wartet noch auf dich?

Welches ist deine »zuckersüße« Erfolgsfantasie?

- Wie sieht Erfolg jenseits der 60 aus?
- Auf welchen Erfolg deiner Kinder (anderer jüngerer Menschen) bist du richtig stolz? Warum gerade auf diesen?

30 wunderbare Fragen für erfolgreiche Männer und erfolgreiche Frauen

1. Welche drei Erfolge von Frauen und Männern in deiner Familie findest du bemerkenswert? ... und inwieweit konntest du gut »Trittbrettfahren«?
2. Welches »Rezept für ein erfolgreiches Leben« hast du von deiner Mutter und welches von deinem Vater zu einem guten Mix (zusammen mit deinen eigenen Ideen) verarbeitet?
3. Welche Phase deines interessanten Frauenlebens/Männerlebens würdest du als die bisher abenteuerlichste bezeichnen? ... und welche Erfahrungen daraus stärken deine Lust auf weitere Abenteuer?
4. Mit welcher Frau/welchem Mann des öffentlichen Lebens würdest du gern in einen intensiveren Ideenaustausch treten? Was glaubst du, wie ihr beide voneinander profitieren könntet?
5. Wen in deiner Umgebung (oder deiner Vorstellung) würdest du für ein richtig entspanntes Wochenende buchen und wen für ein Wochenende voller neuer Unternehmungen? Welche Impulse würden die beiden »gebuchten« Begleiter/innen setzen?
6. Was sagst du anderen Menschen, warum Erfolge unbedingt gefeiert werden sollten? ... und wie hast du deinen letzten Erfolg gefeiert?
7. Welches ist dein persönlicher Talisman in herausfordernden Situationen? Wie bringst du ihn zum Einsatz und wie vermag er, dir zu helfen?
8. Anlässlich deines nächsten Geburtstages erlauben sich deine Freunde eine Rückschau in deine letzten zehn

Lebensjahre. Sie blicken auf deine erfolgreich abgeschlossenen »Projekte«. Welche drei Herzensprojekte heben deine Freunde in den Glückwünschen an dich hervor?

9. Welche(s) Symbol(e) weist/weisen den neugierigen Betrachter in deiner Wohnung und an deinem Arbeitsplatz auf deine besonderen Kompetenzen und gute Entwicklung hin?
10. Wer in deinem wohlwollenden Umfeld hat dich – ohne dein Wissen – für den diesjährigen Innovationspreis vorgeschlagen und drei gute Gründe dafür benannt? Welche sind das?
11. Welche Vorboten kündigten in deinen Kinder- und Vorschuljahren schon deinen späteren Erfolg im Leben an?
12. Wer war dein erster Talentscout (-förderer) in deiner Familie und wer darüber hinaus? Welche Art der behutsamen Förderung hat dir besonders gutgetan?
13. Welche drei Merkmale unterstreichen, dass deine jetzige Familie (oder deine jetzige Beziehung) ein Erfolgsensemble ist?
14. In einem Vortrag vor Studienabsolventen wirst du gebeten, ein paar Tipps zum erfolgreichen Berufsstart zu geben. Welche Empfehlung scheint dir die wichtigste?
15. Ein Zukunftsforscher möchte von dir wissen, welche drei Dinge du von heute aus gesehen in zehn Jahren nicht mehr tun wirst und welche drei Dinge du unbedingt tun wirst – welche sind das?
16. Deine Freunde suchen dir per Annonce eine/n Geschäftspartner/in für deine aktuelle Zielstellung. Wer

wird favorisiert und über welche Qualitäten verfügt er/sie?

Wann hast du zuletzt den Erfolg um Haaresbreite verpasst und die Situation mit Gelassenheit kommentiert?

17. Welches war dein – aus heutiger Sicht – liebster Misserfolg im Leben? ... was hat er dir ermöglicht?
18. Falls du Kinder hast: Was erzählen uns deine Kinder über deinen Erfolg?
    Falls nicht: An welchem anderen Lebenserfolg hast du ein wenig mitgewirkt ... und auf welche Weise?
19. Was war der schönste Moment, in dem du deinen Erfolg mit anderen geteilt hast?
20. Was erzählen uns Menschen, die dich gut kennen, worin du deinen ganz eigenen Kopf hast?
21. Was meinen deine Eltern und Geschwister, was dein ganz spezieller Beitrag zum Familienerfolg ist?
22. Was ist dein Lieblingsantriebsstoff im Leben? Wo tankst du ihn?

Für welchen Erfolg gibst du gerade Gas?

23. Welche anderen Menschen in deinem Umfeld haben dir zuletzt zu einem erreichten Erfolg herzlich gratuliert? Was war deine gratulationswürdige Leistung?
24. Wenn du eine ausgedehnte Erfolgspause einlegst, was genießt du am liebsten? Wie viele kleine Pausen genießt du pro Jahr?

25. Welchen Menschen könnte man am ehesten als den Mentor/die Mentorin deines Erfolgs bezeichnen? Was hast du von ihm/ihr gelernt?
26. Wenn es so etwas wie eine wichtige Weichenstellung für Erfolg gab, welche war das? ... und was war dein Verdienst dabei?
27. Welches war deine längste Durststrecke und welcher innere Glaube hat dir die Ausdauer bis zum nächsten Erfolgserlebnis gegeben?
28. Welches war dein spektakulärster Erfolg?

Welcher Erfolg hat dein Herz tief berührt?

... und was macht beides wunderbar?

29. Was war ein für dich ganz wichtiger Erfolg im Kampf gegen eine recht hartnäckige schlechte Gewohnheit?
30. Welches ist dein »Erfolgsgetränk« zum Anstoßen? Mit wem hast du zuletzt auf welchen Erfolg angestoßen? ... und was wird auf deiner nächsten Feier an freudige Gratulanten ausgeschenkt, weil es so erfolgreich schmeckt?

18 Talent, Kreativität und Schöpferkraft

Wie werden wir geboren? Mit einem Schatz voller Gaben!

Sie erinnern sich an Dornröschen, die 12, pardon 13 Feen? Stärke, Anmut, Klugheit, Fantasie und Mitgefühl ... Vieles wurde jedem von uns in die Wiege gelegt, vieles liegt in uns verborgen, und leider gehen nicht alle auf Schatzsuche, um dieses innere Gold zu heben. In der zweiten Lebenshälfte fahren sich manche in der gewohnten Selbstbetrachtung so fest, dass sie unverbrüchlich an den gewaltigen Irrtum glauben, es sei nicht mehr viel möglich in puncto Sprachen, Beweglichkeit, Musik oder Malerei. Manche halten sich sogar für »talentfrei«. Will man mit dieser Ausrede Malkurse und Klavierstunden schwänzen? Will man sich selbst weismachen, man sei zu alt für eine Bergtour, einen Marathon oder einen Tauchkurs?

Das ist Bequemlichkeit mit traurigen Folgen, ein Teil von uns stirbt eher, als er muss, er schafft es nicht ins Leben, jedenfalls nicht in dieses. Dabei erzählt uns gerade die Zeit in der Mitte des Lebens davon, dass wir mehr sein können, viel mehr: Buchautoren und Geschichtenerzähler, Abenteurer und Ägyptologen, Gärtner und Floristen, Dichter und Poeten, Pferdezüchter und Vogelkundler, Maler und Innenarchitekten, Läufer und Tänzer.

Das folgende Interview hilft, wieder in Kontakt zu kommen mit frühen Interessen und Fähigkeiten, die Schatztruhe der Talente zu öffnen und über die eigene Vielfalt zu staunen.

Interview

Mein kreatives Potenzial – Fähigkeiten – Talente – Begabungen

- Ressourcen der Vergangenheit
- Nutzung in der Gegenwart
- Entwicklungsmöglichkeiten in der Zukunft

Schon mit unserer Geburt beginnen wir, besondere Fähigkeiten zu zeigen. Jeder Mensch will sich entfalten und widmet sich mit großer Neugier den Dingen, die die Welt bereithält.

- Wenn ich dich getroffen hätte als du drei oder vier Jahre alt warst, was hat dir damals besondere Freude gemacht?
- Welche Dinge haben dich besonders interessiert, deine Aufmerksamkeit gefesselt?
- Was hast du gesammelt, welche Fragen hast du gestellt, was hast du gespielt?
- Vielleicht hast du ein Instrument gelernt, gesungen oder Gedichte aufgesagt?
- Vielleicht hast du gemalt, dekoriert oder einen erfolgreichen Kaufladen geführt?
- Schenke mir einen Einblick in die Dinge, die dein Leben damals interessant gemacht haben!

Die Vorstellungswelt

In welchen Fantasiewelten hast du dich gern bewegt?

- Was waren Helden, Begleiter und Symbole aus diesen Welten?
- Wovon hast du geträumt, was du einmal richtig gut können möchtest?

Die Beziehungswelt

- Wer in deiner Familie hat diese Interessen liebevoll unterstützt?
- Wie haben dich diese unterstützenden Impulse stärken können?
- Wer hat diese Fähigkeit(en) auch, von wem hast du dir was abgeguckt?

Eigene Schritte

- Was waren deine eigenen ersten Schritte hin zu deinen Talenten?
- Was hat dir besonderen Spaß gemacht?
- Wann hast du erste Erfolge gefeiert?
- Wie haben andere auf diese Begabung/dieses Interesse reagiert und von wem hast du Anerkennung erhalten und Freude darüber gespürt?

Wer hat dir auf alle Fälle Talent bescheinigt?

- War dieses Interesse eher ein Dauerprogramm in deinem Leben oder trat es immer mal wieder auf?
- Wie hat dieses Interesse an Kraft und Ausdauer gewonnen?
- Wenn dieses Talent von dir nicht weiter verfolgt wurde, was ist dir aus dieser Zeit auf jeden Fall erhalten geblieben?
- Woran denkst du gern und voller Stolz und Vergnügen zurück?

Gegenwart

- Wie zeigen sich deine Begabungen, deine individuellen Interessen, deine Talente heute?
- Welche hast du im Laufe der Zeit dazugewonnen?
- Welche sind besonders herangereift?
- Welche Fähigkeit, welches Talent verdient im Moment deine besondere Aufmerksamkeit?
- Was ist dir beim Blick darauf wichtig? Was wünschst du dir?

- Welchen Platz darf es beanspruchen?
- Welchen Spaßfaktor schenkt es dir?
- Wen inspirierst du damit?
- Wer inspiriert dich?
- Wie hältst du trotz der vielen Alltagsaufgaben dein Interesse wach?

Zukunft

- Was hast du besonders in den letzten Jahren dazugewonnen? Was hast du neu initiiert?
- Wie hat deine Umgebung deine kreative Entwicklung aufgenommen?
- Welche Wirkung entfaltest du auf die Menschen um dich herum?
- Wie hast du dich selbst verändert?

Was gefällt dir besonders an deinem kreativen Ich?

- Welches Talent steht noch in der Warteschleife? Oder anders gefragt:
- Was traust du dir mit Blick auf dein noch vor dir liegendes Leben zu?
- Welches Interesse begleitet dich schon eine Weile und möchte endlich mehr Raum einnehmen? Wie kannst du das organisieren?
- Welche Bedingungen tun dir dabei gut? ... und welche nicht?
- Über welches deiner Talente und Fähigkeiten wird oft von anderen gesprochen?
- Was sagt man bewundernd über dich?

- Du hast noch eine ganze Menge Potenzial in dir. Welche Ideen hast du, wie du dich selbst ermuntern kannst, einfach Dinge auszuprobieren, die du noch nicht kennst?
- Worauf hast du Lust, was willst du unbedingt noch ausprobieren?

Top 10 – Meine Talente und Fähigkeiten

Unter all den Talenten und Fähigkeiten, die uns auszeichnen, gibt es Qualitäten, die uns besonders viel bedeuten, die wir an uns selbst mögen und schätzen. Wir wissen: Ja, das kann ich richtig gut, das gehört zu mir.

1. ____

2. ____

3. ____

4. ____

5. ____

6. ____

7. ____

8. ____

9. ____

10. ____

19 Lernen und Entwicklung

Das ganze Leben ist ein ewiges Lernen, wenn es aufhört, wird es dunkel. Ich mag den Satz von Hirnforscher Manfred

Spitzer »Unser Glückszentrum ist ein Lern-Zentrum!«, genauso wie die Metapher der Gießkanne, die Gerald Hüther immer wieder in seinen Vorträgen benutzt. Wenn wir dem Gehirn etwas »Brainfood« zum Naschen anbieten, bleibt das Leben lebendig und »saftig« (ein Lieblingswort von Gunthard Weber, wenn er in seiner Aufstellungsarbeit über das erfüllte Leben spricht). Natürlich ist »Brainfood« nicht immer süß, oft ist es neu, krass, dramatisch, traurig, auf den ersten Blick ungenießbar. Vom Leben lernen wir dann am meisten, wenn wir nicht lernen wollen – es legt nämlich seine Lektionen immer wieder neu für uns auf. Wenn wir nicht allein sein können und es auch nicht lernen, werden wir »grundlos« verlassen, wenn wir der Jugend hinterherjagen weit über die Zeit, wird jemand kommen, der uns unser wahres Alter spiegelt, wenn wir glauben, Geld verschaffe uns Sicherheit, so wird es einen Tag geben, an dem diese Sicherheit zerfließt wie der Schnee in der Frühlingssonne. Wir entkommen unserer Entwicklung nicht, daher ergibt es Sinn, sich selbst um die eigene Entwicklung zu kümmern, Veränderungen und Wandlungen nicht aus dem Weg zu gehen und Krisen als große Lernchance zu begreifen. Vieles können wir uns nicht aussuchen, aber wenn wir den Weg verstehen lernen, uns nicht in Trotz und Widerstand aufreiben, dann könnte es sein, dass unsere Falten eine Zeit von höchster seelischer Attraktivität einleiten.

Interview

- Wer waren deine wichtigsten Lehrer/Lehrerinnen?
- In welcher Lebenszeit hast du sie gefunden?
- Wenn du jedem von ihnen einen Sinnspruch gibst, wie lauten diese?

- Was davon hast du verinnerlicht?
- Was haben sie dich darüber hinaus gelehrt?
- Worauf warst du schon als Kind neugierig? Was wolltest du lernen?
- Bei welchen Themen warst du immer gut informiert?
- Talentbeschenkt? Wofür hast du schon früh Talent gehabt?
- ... und was hast du durch Training daraus machen können?
- Welche Vorbilder haben dich angespornt?
- Wo lag ihre Motivationsquelle?
- Wie hast du ihren Weg verfolgt?
- Was glaubst du, welche Stärken haben sie erst nach und nach entwickelt?
- Wofür hattest du schon früh den richtigen Riecher?
- An welchen Dingen warst du viel früher als andere dran?

Ein Goldmädchen? Ein Goldjunge? Was waren erste Erfolge in deinem Leben im Bezug auf Sachen, die dir Spaß machten?

- Wann standst du ganz vorn? Wie hast du dich dort hingebracht?
- Jeder Weg hat seine Durststrecken, seine Niederlagen. Welche hast du erlebt?
- Was hast du daraus gelernt?

Was war das zäheste Stück Arbeit, das du jemals hinter dich gebracht hast?

- Wie nah warst du damals am Aufgeben?
- Was hat den Ausschlag gegeben, dass du weitergemacht hast?
- Wenn du so zurückschaust, was ist für dich gutes Lernen?
- Welche Bedingungen haben dein gutes Lernen unterstützt?
- Jeder Mensch hat seine Vorlieben. Manches lernt man aus purem Interesse, manches ist reine Quälerei. Was hat dich interessiert?
- Wo hat sich das Lernen gelohnt?
- Welches Prüfungsergebnis zeigt deutlich, dass du es drauf hast?
- Was ist deine Lizenz zum Können?
- Wann gab es Applaus? Von wem?
- Was war in den letzten Jahren dein größtes Entwicklungsfeld?
- Was hast du dort investiert?
- Auf welche Fortschritte bist du stolz?
- Welche Menschen hast du dort kennengelernt? Wer hat dich begleitet?

Fit, fröhlich, fokussiert – ein Slogan unserer Fußballnationalmannschaft. In welchen Bereichen trifft das für dich zu?

- Wofür strengst du dich momentan an?
- Was sind wichtige Ziele in deinem Leben?
- Wie trainierst du deinen Geist?
- Was liest, schaust oder hörst du gerne?
- Was verfolgst du mit ganzer Aufmerksamkeit?
- Was erzählen deine Bücher über deine Interessen?

- Wofür würdest du dir – wenn es möglich wäre – sofort einen persönlichen Trainer oder einen Experten engagieren, um schneller voranzukommen?
- Was möchtest du – wenn du die Chance bekämst – noch einmal ganz ohne Druck studieren, weil es dir Spaß macht?
- Was möchtest du mit dem neuen Wissen anfangen?

Welche Wissensgebiete faszinieren dich wahnsinnig?

- Was investierst du in diese Interessen?
- Vor wem hast du leistungsmäßig einen riesigen Respekt?
- Welche Leistung eines anderen Menschen spornt dich richtig an?
- Was meinst du, was derjenige/diejenige neben seinem/ihrem Talent investiert, um so fit zu sein?
- Schauspieler lernen oft etwas ganz neu für eine einzige Rolle, z. B. eine Fremdsprache, Tanzen, Fechten, Reiten oder Singen. Wenn du es dir aussuchen könntest, was würdest du gern lernen?
- Was würde dir dabei verdammt viel Spaß machen?
- Lernen heißt auch, Ausdauer zeigen, denn vieles muss wiederholt werden, um es wirklich zu können. Wo hast du maximale Ausdauer gezeigt, um am Ziel anzukommen?
- Wenn man erwachsen ist, fällt einem das Lernen nicht mehr ganz so leicht. Wer in deiner Familie hat es geschafft, später im Leben noch einmal etwas ganz Neues zu lernen?
- Was hat dir daran besonders imponiert?

Was meinst du, wofür ist man nie zu alt, um es noch zu lernen?

- Wie hast du deinen Liebsten/deine Liebste dabei unterstützt, etwas Neues lernen zu können?
- Wie habt ihr euch gegenseitig in eurer Entwicklung unterstützt?
- Welche Entscheidungen waren damit verbunden?
- Wie habt ihr sie getroffen?
- Was ist dein bester Trick, deine Kids beim Lernen zu unterstützen?
- Wie stehst du ihnen zur Seite, wenn es Lernprobleme gibt?
- Was investierst du gern in deine Kinder, weil du siehst, dass es ihren Horizont erweitert?
- Über welchen ihrer Erfolge hast du dich zuletzt mit ihnen gefreut?
- Welche Lektion gibt dir das Leben gerade auf?
- Was lernst du gerade?

20 Glaube und Spiritualität

Mit diesem Themenbereich bewege ich mich auf Neuland, denn ich wurde atheistisch erzogen und habe keinerlei Betonungen des Glaubens in meiner Kindheit erlebt. Gleichsam habe ich gefühlt, was alle Menschen fühlen, einen inneren Glauben. Es hat mich interessiert, woran sich Menschen festhalten, wenn im Außen nichts mehr zum Festhalten da ist. Mein Großvater war zehn Jahre im Krieg, davon sieben in Gefangenschaft. Woran hielt er sich fest in Häftlingskleidung und bei Wassersuppe? Bildlich gesprochen, am Hochzeitsfoto mit seiner geliebten Frau, das er zerknittert bei sich trug. 1950 sah er sie wieder, aber das war mehr als 3500 Tage und Nächte lang nur ein höchst unwahrscheinlicher Traum, den er täglich träumte, um an das Wiedersehen zu glauben. Mir hat niemand gesagt, dass Beten hilft, aber ich habe es gesehen und gespürt an Krankenhausbetten mit Sterbenden, bei Eltern, die ihre frühgeborenen Kinder in den wärmenden Glaskästchen zärtlich streichelten und zuletzt in den Klöstern von Bhutan, in denen das Glück für alle Lebewesen bereits morgens um vier Uhr in den Gebeten der Mönche wie ein ewiges Lied durch die federleichte Luft des Hochgebirges flirrt.

Worin besteht unser innerer Halt?
Kennen wir den Weg dorthin?
Womit sind wir verbunden?
Was ist das Größere, das weit über unsere eigene Existenz hinausreicht?

Sicherlich ist es nicht ganz einfach, als Berater und Begleiter mit »seriösem« wissenschaftlichen Hintergrund, Wege dorthin zu beschreiten. Schließlich möchte man nicht »spiritueller Ratgeber« sein oder seinen eigenen Glauben in den Mittelpunkt rücken. Aber können solch tiefere innere Themen wirklich vermieden werden, weil sie uns an der gewünschten Neutralität und Allparteilichkeit hindern? Ist es nicht ein kleiner Anfang, eine Tür zu öffnen, statt sie immer wieder sprachlos zu umrunden? Fragen sind weise Schlüssel, ein »Sesam-öffne-dich!«-Zauberspruch als Zugang zu den eigenen Lebensgesetzen und -philosophien, für die sich bisher nie jemand interessierte. Betrachten Sie es als einen kleinen Anfang, einen ersten Vorschlag, sich dem zu nähern, was wir tief im Inneren zum Leben brauchen, auf jeden Fall zum Überleben.

Interview

- Wenn du dich an deine Kindheit erinnerst, zu welchem Glauben wurdest du in deiner Familie eingeladen?
- Wer hat seinen Glauben deutlich gezeigt? Wer war zurückhaltender?
- Was hast du selbst mit großer Selbstverständlichkeit getan?
- Wer hat dir Geschichten erzählt, die sich um Glauben und Religiosität drehten?
- Welche Geschichte ist dir richtig ans Herz gewachsen?
- Wer hat dein Herz geöffnet für diese tiefe Sicht in die Welt?
- Welche Geheimnisse wurden dir anvertraut?
- Mit wem hast du viel über solch »Wundersames« gesprochen, mit wem nicht?
- Wovon warst du als Kind überzeugt? Was war eine irre, sehr faszinierende Glaubensfantasie, über die du heute ein wenig schmunzeln musst?
- Welcher Zauber, welche Kraft wohnte dieser Fantasie inne?
- Mit welchen Wesen hast du gesprochen, wenn du dir keinen Rat wusstest?
- Wie haben sie dir geholfen?
- Dass dein Schutzengel gut auf dich aufpasst, wurde dir oft gewünscht. Wann hast du es tatsächlich gespürt?

- Was ist ein wirklicher Schutzengel-Moment in deinem Leben gewesen?
- In welcher Situation hattest du deutlich das Gefühl, dein Leben wurde beschützt oder gar gerettet?
- Ernste Situationen, die wir allein bewältigen müssen, z. B. schwierige Operationen, fordern uns auf, Zuversicht in uns selbst zu finden. In welcher schwierigen Lage bist du auf eine innere Instanz gestoßen, die dir wertvolle Hilfe gegeben hat?
- Was hat dir geholfen zu glauben, dass diese Geschichte gut ausgeht?
- In welcher Situation hast du schon einmal gebetet?
- Wofür hast du gebetet?

Welches Schicksal hat dich so bewegt, dass du für diesen Menschen gebetet hast?

- Mit wem sprichst du im Geiste manchmal? Was schöpfst du daraus?
- Wenn du einem/einer Vertrauten erklären möchtest, woran du glaubst, welche drei Schlüsselworte sind für dich besonders wichtig?
- Wie hilft dir dein Glaube in dunklen Lebenstagen?

An welchem Ort erwarten dich Ruhe und Einkehr, um ins Innere lauschen zu können?

- Was hilft dir, dort in einen anderen Rhythmus zu kommen?
- Was sind für dich »heilige Orte«? Warum gerade diese?
- Welcher Ort ist für dich einfach nur spirituell?
- Was hast du dort gespürt, erlebt, erfahren?
- Was ist ein Kraftort für dich?

- Was berührt dich in dieser Landschaft, in dieser Umgebung?
- Welche Kräfte wohnen für dich dort?
- Medizinmänner und Schamanen hatten in vielen alten Kulturen die Aufgabe, in bedrohlichen Situationen, Rat aus einer anderen geistigen Welt einzuholen. Hast du selbst einmal ein Ritual erlebt, das dir solche Praktiken nähergebracht hat?
- Was hast du erlebt? Was hat dich beeindruckt? Was hat dir selbst geholfen?
- Viele Menschen – auch ohne religiöse Motive – machen im Laufe ihres Lebens eine Pilgerreise. Hast du bereits eine solche Erfahrung gemacht?
- Ziehst auch du das in Erwägung? Was genau ist deine Vorstellung davon? Welchen tieferen Sinn hat es für dich?
- Welche Erkenntnisse, Erfahrungen und Begegnungen erhoffst du dir?
- Möchtest du allein unterwegs sein oder in Begleitung?
- Wer wäre eine gute Begleitung für dich?
- Was wäre nach der Ankunft anders?
- Welche Glaubensform zieht dich gegenwärtig in deinem Leben sehr an?
- Mit welchen Themen und Fragen beschäftigst du dich?
- Welche Situationen suchst du als Helfer immer wieder auf, um Menschen in Not mit deiner Stärke beizustehen?
- Woran spürst du, dass deine Hilfe eine gute Wirkung erzielt?
- Wie hast du mit deiner inneren Kraft anderen Menschen wertvolle Einsichten vermitteln können?
- Wer ist dein Vorbild in Glaubensfragen?

- An wen lehnst du dich gedanklich und spirituell an?
- Hast du Angst vor dem Tod?
- Wenn nicht, woher gewinnst du diesen ruhigen Blick?
- Wenn ja, wer teilt diese Angst mit dir?
- Welcher tiefe Wunsch verbirgt sich hinter der Angst?
- Glaubst du an ein Leben nach dem Tod?
- Was, glaubst du, erwartet dich dort?
- Im Buddhismus geht man fest davon aus, dass wir in einem wiederkehrenden Zyklus von Tod und Wiedergeburt stehen. Glaubst du, dass du schon einmal auf der Welt warst, in einem oder mehreren früheren Leben?
- Hast du Erinnerungen daran?
- Würdest du gern noch einmal zur Welt kommen?
- Worauf freust du dich? Was wäre die von dir gewählte Aufgabe?

Wo spürst du eine Quelle, wenn du dir tiefere Antworten auf Lebensfragen erhoffst?

- Wie wird sich dein Leben in Glaubensfragen weiter entwickeln?
- Worauf bist du neugierig?
- Was sind deine drei Lieblingsbegriffe, wenn du nach Hinweisen und Informationen im Internet suchst?
- Wo triffst du Menschen, die ebenfalls auf der Suche sind?
- Wie kannst du deinen eigenen Glauben stärken?
- Wie wirst du weiterhin deiner inneren Überzeugung folgen?

Schluss

Es ist unnötig, liebe Leser, Sie daran zu erinnern, dass die Reisedauer im Leben begrenzt ist. Jedoch sind wir durch dieses tiefe Wissen eingeladen, das von uns für wichtig Erachtete in Angriff zu nehmen. Wie können wir herausfinden, was das Wichtige ist? Unsere eigenen Geschichten liefern die Antworten, ohne unsere Erinnerungen sind wir blind, ohne unsere Erinnerungen sind wir allein und ohne unsere Erinnerungen verlieren wir den roten Faden. Auf diesem starken Fundament steht unser Jetzt, das wir Moment für Moment mit unserer Aufmerksamkeit, unserer Gestaltungsfreude und unserer Liebe anfüllen sollten. Dann lacht sie zu uns herüber, die Zukunft, in der wir kühn sind, aus vollem Herzen leben und mit vollkommener Zustimmung verdammt glücklich und verdammt unglücklich sind – immer mittendrin in diesem verdammt schönen Leben!

Ich wünsche Ihnen viel Freude in Interviews, die glücklich machen, weil sie um das Unglück keinen Bogen machen. Denn in jedem Unglück wohnt Erkenntnis, in jeder Erkenntnis steckt die Chance, anders zu handeln – und das ist wie ein neu eingeschlagener Weg, in dem der nächste Schritt zum Glück jederzeit möglich ist.

Erwarten Sie noch viel vom Leben!
Träumen Sie, glauben Sie an sich
und fragen Sie einmal mehr Ihr Herz!
Schreiben Sie Ihr persönliches Lebensdrehbuch – Jetzt!